汽车维修油漆工系列丛书

汽车油漆调色技术教程

第 4 版

尹根雄　彭常青　编著

U0359657

机 械 工 业 出 版 社

本书根据作者多年来的调漆实践经验，详细讲述了汽车修补漆知识、汽车修补漆工艺、调色理论与汽车颜色色母特性，以及喷涂操作常见问题处理方法。本书通过大量数码图片详细介绍了汽车颜色手工调配与电脑调色技巧，可供各类汽车油漆调色技师、汽车油漆工参考使用。

图书在版编目（CIP）数据

汽车油漆调色技术教程/尹根雄，彭常青编著. —4版. —北京：机械工业出版社，2020.1（2024.8重印）
（汽车维修油漆工系列丛书）
ISBN 978-7-111-64424-8

Ⅰ. ①汽…　Ⅱ. ①尹…②彭…　Ⅲ. ①汽车—涂漆—教材　Ⅳ.①U472.44

中国版本图书馆CIP数据核字（2019）第286923号

机械工业出版社（北京市百万庄大街22号　邮政编码100037）
策划编辑：丁　锋　　　　　　责任编辑：丁　锋
责任校对：陈　越　张　薇　封面设计：张　静
责任印制：单爱军
北京虎彩文化传播有限公司印刷
2024年8月第4版第8次印刷
169mm×239mm·8.25印张·128千字
标准书号：ISBN 978-7-111-64424-8
定价：59.90元

电话服务　　　　　　　　　网络服务
客服电话：010-88361066　机 工 官 网：www.cmpbook.com
　　　　　010-88379833　机 工 官 博：weibo.com/cmp1952
　　　　　010-68326294　金 书 网：www.golden-book.com
封底无防伪标均为盗版　机工教育服务网：www.cmpedu.com

　　现在的汽车颜色越来越复杂、越来越多样化，更新换代的速度也越来越快，由最早的黑、白、灰、红、橙、黄、蓝、绿、紫色的素色漆，到简单的银粉、珍珠金属漆，直至三工序珍珠漆、晶莹剔透的水晶漆，还有色彩斑斓的"变色龙"特效漆等，让人眼花缭乱。颜色命名也越来越丰富，比如罗马红、动静红、晶石蓝、根特蓝、里约黄、琉璃橙、琥珀金，开罗金、挪威灰、钛晶灰、雅典白、米兰白和冰晶白等，从颜色名称也可以看出着色色母更新换代的速度。

　　根据笔者从事这份职业多年的经验，要想成为一名称职的油漆工与调色员，必须具备以下条件：无色盲，对颜色敏感，会计算（计算配方比例），有耐心（比如多次喷板），有较强的沟通能力（怎么喷，是否过渡，要会与客户沟通），有一定记忆力和想象力（熟悉色母特性，在脑海中能呈现色相，会判断色母的组成与选择色母和确定添加的量）。

　　本书重点从四个方面讲述一名合格油漆调色员必须掌握的知识：一是要认识油漆特性，知道如何区别普通漆和金属漆、珍珠漆。二是要对汽车涂装工艺有一定的了解，出现问题能分析和处理，操作工艺对颜色影响很大。三是要熟知颜色相生相克的原理，会观察分析颜色的组成并掌握色母特性，掌握常见颜色的调配规律。要想调出最理想的颜色，选用匹配的色母是关键。四是要学会控制成本，选准色母，以最短的时间和最少的量调配出最匹配的颜色。编写本书的目的在于培养既会调漆又懂喷漆的合格技师。

　　本书共分六章，第一章一至五节与第十一节和第二章、第六章由彭常青编写，其他章节由尹根雄编写，图片由二人合作拍摄。

　　调色工作主要靠经验的积累，但扎实的理论基础对提高调色技术有事半功倍的作用。由于本书编者水平有限，书中若有不当之处，敬请读者批评指正。

编　者

第一章 汽车修补漆知识

 什么是油漆?

1 油漆的定义

油漆是涂料的俗称。过去的漆主要是用天然树脂如桐油、生漆、松香等生产的，几千年来一直沿用"油漆"这一名称。随着科学技术的不断发展，各种合成树脂已大部分或全部取代了天然树脂。目前国家标准确定用"涂料"作为油漆的统称。因为生产实践中行业术语用"油漆"较多，所以本书仍沿用"油漆"一词。

2 涂料的定义

涂料是指涂于物体表面，能形成牢固附着的、连续的，具有保护、装饰和特殊性能（如绝缘、防腐、标志、伪装等）涂膜的有机高分子化合物或无机化合物的液态或固态材料。

 油漆的成分

油漆一般由树脂、颜料、填料、溶剂和助剂组成，它们在油漆中起着不同的作用。

1 树脂

树脂是油漆中的成膜物质，是油漆的主要成分，对涂料的性质起着决定性的作用。用于汽车油漆的树脂一般有环氧树脂、丙烯酸树脂和聚氨酯等合成材料，可以满足汽车油漆需要的耐候性、耐蚀性和耐擦伤性（硬度）等要求。

② 颜料

颜料可以使油漆呈现出丰富的颜色，使油漆具有一定的遮盖力，并且具有增强涂膜力学性能和耐久性的作用。此外，颜料还可以提高表面强度和黏合性，改善漆面光泽。

③ 填料

填料在油漆中主要起填充作用。填料可以降低油漆成本，增加涂膜的厚度，增强涂膜的力学性能和耐久性。

④ 溶剂

溶剂的主要作用是溶解和稀释成膜物，使油漆在施工时易于形成比较完美的漆膜。溶剂在油漆中所占比例大多在 50% 以上，它在涂料施工结束后，一般都挥发到大气中，很少残留在漆膜内，如稀释剂、天那水等。

⑤ 助剂

助剂在油漆中用量很少，但作用很大，是油漆不可或缺的组成部分。常用的助剂有消泡剂、润湿剂、流平剂、防沉剂、防橘皮剂和催干剂等。喷涂施工中有防白水、防走珠水（鱼眼）等。

三　汽车油漆涂层的作用

① 保护车身

传统的车身主要是由钢板制成的，空气中的氧和水分会与车身发生反应，从而导致锈蚀。油漆可以防止锈蚀的发生，从而保护车身。

② 增加美观

车身形状是由表面造型和线条组成的，如平面、曲面和各种曲线。油漆可以使这些表面和线条更具立体感，增加车身的美观。

③ 起标志作用

用特定的颜色表明汽车用于特定的用途，这种作用在特种汽车上非常普遍，如各种工程类车、消防车等。

提高质量

高性能的油漆不仅是车身防腐蚀的保护层，增强车身的美感，满足人们的视觉享受，还可以延长车身的使用年限，使汽车的质量和价值更高。

四 汽车面漆的性能要求

汽车基材不仅要用底漆防腐、耐蚀，更重要的是用面漆涂装，以提高对金属的保护。面漆不但要有优良的装饰性（漆膜色彩鲜艳、光亮丰满），而且需要有良好的保护性。漆膜有耐候、耐水、耐油、耐磨和耐化学腐蚀性能的要求，因此，在选择汽车用面漆时应从以下几个方面来考虑。

1 外观

色彩鲜艳，光泽醒目，色差小，丰满度强和鲜映性好。

2 硬度和抗石击性

面漆应坚硬、耐磨，且有足够的抗石击性（一般在 2H 以上）。保证漆膜在汽车行驶中遇有路面沙石的冲击和摩擦时不会产生划痕。

3 耐候性和耐老化性

耐候性和耐老化性是选择面漆时的重要指标之一，如果汽车用面漆的耐候性和耐老化性不好，则使用不久后汽车面漆就会失光、变色和粉化，直接影响汽车的装饰性，新车很快变成旧车。因此，要求汽车用面漆涂层有良好的耐候性和耐老化性。

4 耐湿热和耐蚀性

漆层在湿热条件下（如温度 40℃，相对湿度 90%）不能起泡或失光。

5 耐化学药品性

面漆涂层在使用过程中，如与蓄电池电解液、润滑油、制动液、汽油、柴油和各种清洁剂等直接接触，擦净后接触面不应有变化、起泡或失光等现象。

6 施工性能

高温原厂漆必须适应烘干温度在 120℃以上、烘干时间 30min 等施工条件。在装饰性要求较高的场合，还应具有优良的抛光性能。而汽车修补漆必须与原厂漆相匹配，并能在 60～80℃温度下烘烤成膜以适应手工涂装。

面漆涂装的好坏，主要取决于其本身性能与前工序处理的好坏，例如，底漆涂层不洁净，裂纹没有填好，研磨不光滑，在面漆涂装后，漆膜的缺陷就会表露无遗，所以在面漆涂装前要严格检查前一道工序。了解油漆的性能，按照厂家给定的比例配比，采用正确的喷涂方法，正确使用喷枪等喷涂设备，才能保证施工质量，提高面漆装饰性。

五　汽车涂层的分解

1 汽车原厂漆面组成

原厂漆面一般由磷酸锌涂层（喷在裸金属上，增强油漆吸附力）、电泳底漆、中涂底漆、色漆层、清漆层组成，如图 1-1 所示。

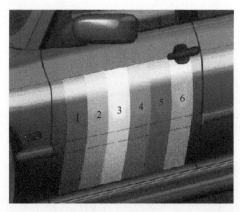

图1-1　原厂漆面组成（总漆膜厚度100~130μm）

1—裸金属　2—磷酸锌涂层（喷在裸金属上，增强油漆吸附力）
3—电泳底漆　4—中涂底漆　5—色浆　6—清漆层

1）底材：冷轧钢、铝或镀锌板。车身一般是金属底材，保险杠一般是塑料底材。

2）磷化膜：主要是由磷酸铁和磷酸锌组成的涂层。磷化膜的厚度一般在 5μm 左右。

3）环氧底漆层：一般是阴极电泳底漆，膜厚 15~20μm。

4）中涂漆层：一般是氨基 / 聚酯漆，膜厚 35~50μm。

5）底色漆层：一般是金属底色漆、素色底色＋珍珠底色，膜厚 15~20μm，特殊颜色除外，底色漆之上必须喷涂一层清漆。

6）清漆层：一般用溶剂型的，厚度在 40~60μm，它为底色漆层提供光泽和保护层，使整个面漆层更加闪亮动人。

2 常用的汽车修补漆层分解

原厂漆层因各种原因受损伤后，要恢复其本色和性能，重新使用与原厂相同的材料进行修复是不现实的，因为修补施工与原厂施工的条件已不同。但修补漆的存在可以帮助我们达到这一目标。

优质的修补漆能恢复原厂漆层本色并能确保涂层历久弥新。

劣质的修补漆难以恢复原厂漆层本色，即使经过调色和喷涂的努力，使颜色暂时达到一致，但也容易出现失光和变色的现象。

常见的双工序修补涂层分解如图 1-2 所示。

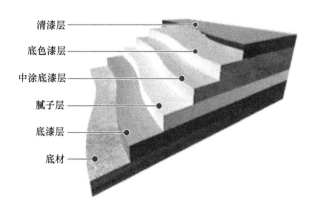

清漆层
底色漆层
中涂底漆层
腻子层
底漆层
底材

图1-2　常见的双工序修补涂层分解

（1）底漆层　底漆一般是双组分环氧底漆，兼具耐蚀与填充的性能，同时确保整个修补涂层与底材的附着力。

（2）腻子层　腻子用来恢复涂层的平整度，弥补钣金的不足。汽车修补漆系统中目前使用较多的是原子灰（不饱和聚酯腻子）和填眼灰，前者用于大面积填平，后者主要用于填充砂眼、针孔和砂纸痕等。

（3）中涂底漆层

1）双组分聚氨酯中涂漆，具有优良的填充性和封闭性，完全干燥后的漆膜性能与原厂中涂漆相同。

2）灰底漆（苏灰土），单组分中涂漆，主要用作打磨指示涂层，如刮涂腻子后的细打磨，其填充性和封闭性不如双组分聚氨酯中涂漆。

（4）底色漆层　最常见的底色漆是银粉漆，因受施工条件的限制，所选用的树脂体系与原厂不同，要能满足自然干燥或低温烘烤的要求。而颜料的选择也比较复杂，优质的色漆在颜料的选择上力求达到与原厂漆一致，以确保颜色准确性和耐候持久性。

（5）清漆层　清漆不含颜料，一般为双组分，由两种树脂混合发生化学反应，自干或经低温烘烤后干燥形成透明漆膜。优质的清漆完全能达到与原厂清漆相同的性能指标。

六　国内外主要汽车修补漆品牌

目前，市场上汽车修补漆高端品牌主要是进口品牌。进口品牌进入我国市场已有十多年的历史，在国内已有一批熟悉它们色母特性的调色技术工人和完善的服务体系。

国产修补漆与进口修补漆在技术上还有较大的差距。例如，目前还没有"较好的"国产的高浓度色母（指通用色母，金属漆和素色漆通过树脂转换用同一种色母）。但是，国产汽车修补漆也有自己的优势，有的品牌品质接近进口产品，而售价只有进口品牌的1/3～1/2。更重要的是，国产汽车修补漆是根据国内汽车市场需求而开发的，随着国产车销量的进一步提高，国产修补漆的市场会更大。所以，国产修补漆在我国修补漆市场中已渐渐占据主要地位。

1　国外知名品牌

表1-1所列为国外知名品牌，通常每个品牌都有几个档次的产品。

表1-1　国外知名品牌

国　　家	修补漆品牌	国　　家	修补漆品牌
英国	Autocolour，ICI	德国	鹦鹉
美国	杜邦	德国	施必快
美国	PPG	日本	立邦、洛克
荷兰	新劲莱顺	意大利	爱犬

2 国内知名品牌

表1-2所列为一些国内知名品牌（排名不分先后）。

表1-2　国内知名品牌

企 业 名 称	主 要 产 品
广州市番禺邦尼制漆有限公司	邦尼、火焰山、猎头、奥斯达（现已被PPG收购）
广州市增城实创化工有限公司	思卡夫、优尼克、丸田、吉尼思、惊艳
河南五一油漆集团	"爱国者"调漆系统
广州联合涂料有限公司	AK、通用、BBC、ZK、ST
福田化学工业集团	KJL牌汽车修补漆
广东雅图化工有限公司	盈通、雅图汽车漆
维新制漆（深圳）有限公司	维新TC烤漆、BC底色漆、罩光清漆
上海全美汽车涂料有限公司	全美系列汽车油漆
常州市普兰纳涂料有限公司	普兰纳、蓝丽、康丽莱
常州福莱姆汽车涂料有限公司	福莱姆汽车修补漆
广东江门银帆化学有限公司	银帆、FB闪彩牌

七　汽车修补漆常用的配套产品与性能要求

汽车修补漆配套产品系列包括色母、清漆、固化剂、稀释剂、2K中涂底漆、1K苏灰土（灰底漆）、塑料底漆、原子灰、填眼红灰、驳口水、脱脂剂、1K调和树脂、2K调和树脂等。通常有下列具体性能要求。

1 色母

色母包括素色色母、银粉色母、珠光色母和调和树脂等，要选择遮盖力好、金属感强、附着力强、耐候性好、不变色、不褪色的色母。色母有60～100个，每个生产厂家都有所区别。有的高档进口漆用高浓缩通用色母，没有1K、2K的分别，如杜邦、ICI系列。使用时与配套稀释剂使用，一般配比为1：1。

2 清漆

根据固体含量的多少，清漆分为中浓、高浓清漆，也有的分为镜面清漆、水晶清漆、高光清漆等。选择时，应考虑高固体含量、高膜厚、高光泽与高硬度的清漆。使用时，应严格按照各生产厂家给定的清漆与固化剂、稀释剂的比例配比。多加固化剂会使漆膜变脆，易开裂；少加则会造成干燥变慢，硬度下降，易失光。多加稀释剂会使黏度太低导致漆膜失光快，成膜薄，易流挂；少加会使黏度太高导致流平较差，镜面效果不佳。

3 固化剂

固化剂是与 2K 色母、成品漆、清漆配套使用的产品，具有耐候、抗黄变、提高漆膜硬度和耐化学品的性能，与清漆起化学反应而干燥成膜。固化剂一定要与清漆配套使用并按比例调配。

根据挥发性能不同，固化剂有快干固化剂、标准固化剂和慢干固化剂之分。使用时，应根据室外温度来选择，当室外温度为 5 ～ 15℃时选用快干固化剂；当室外温度为 15 ～ 28℃时选用标准固化剂；当室外温度为 28 ～ 35℃时选用慢干固化剂。

4 稀释剂

稀释剂能提高漆膜附着力，降低漆膜黏度，增加漆膜平滑程度。应使用各生产厂家配套的稀释剂，并按各生产厂家规定的比例与清漆、固化剂进行调配。

稀释剂根据挥发性能不同，分为快干稀释剂、标准稀释剂和慢干稀释剂。当室外温度为5～15℃时选用快干稀释剂；当室外温度为15～28℃时选用标准稀释剂；当室外温度为28～35℃时选用慢干稀释剂。

5 2K 中涂底漆

2K 中涂底漆适合在原子灰层、旧漆膜上做底漆用，可对底层进行封闭，填充砂眼性能好，遮盖力强，能增强耐候性和抗石击性，提高面漆光泽度和丰满度，保光保色性能比 1K 苏灰土好。使用时应与专用固化剂配套使用。

一般底漆与固化剂配比为 4：1。

6 1K 苏灰土

1K 苏灰土适于在原子灰层、旧漆膜上做底漆用，起填充和统一底漆色调作用。使用时可直接加稀释剂，苏灰土底漆与稀释剂的比例一般为 1：1.2～1：1，效果不及 2K 中涂底漆。

7 塑料底漆（俗名 PP 水）

塑料底漆用于汽车保险杠、汽车内饰等塑料制品，是面漆与塑料基材的黏结剂。塑料底漆可不加稀释剂直接使用。

8 原子灰、填眼红灰

前者用于汽车钣金后大面积填平，后者主要用于填充砂眼、针孔和砂纸痕等。一般在刮涂原子灰打磨后再刮涂一遍填眼红灰。

9 驳口水

局部修补时，用驳口水溶接 2K 色漆、2K 清漆漆膜的新旧接口位置，能使新旧漆膜融为一体，无修补痕迹。

10 脱脂剂

脱脂剂能有效清洁车身基材表面上的杂质、油污等，能提高附着力，提高防锈性能，增加漆膜表面干净度。

11 1K 调和树脂

1K 调和树脂又称为金属漆调和树脂，能改善珍珠银粉的定向排列，提高 1K 珍珠银粉的附着力，减少漆膜浮色发花现象。在调配珍珠银粉漆时，如果较浓，则可以加入 1K 调和树脂进行冲淡，但添加时应控制在 10%（质量分数）以内，过多会使遮盖力变差（特殊效果除外）。

12 2K 调和树脂

2K 调和树脂可以增加 2K 漆的表面光泽度和耐候性。添加时应控制在 10%（质量分数）以内，否则会使遮盖力变差（特殊效果除外）。

八　1K色母与2K色母的定义与区别

1 1K 色母与 2K 色母的定义

（1）1K 色母　1K 色母是指单组分色母，依靠溶剂的挥发固化成膜。

在汽车修补漆系列中，有 1K 素色色母、1K 珍珠 / 银粉色母、1K 中涂漆（苏灰土）。要求涂层附着力强，耐候性能好，平整光滑，银粉或珠光排列均匀、清晰；经配套清漆罩光后具有优良的光泽与鲜映性。

（2）2K 色母　2K 色母是指双组分色母，由甲组分固化剂与乙组分树脂组成，使用时按一定比例混合才能产生化学反应以达到固化成膜与干燥的效果。

在汽车修补漆系列中有 2K 素色色母、2K 罩光清漆和 2K 环氧底漆。它们均要有良好的丰满度和光泽度，且漆膜坚实，耐候性好。

2 1K 色母与 2K 色母的区别

用 1K 色母调配出来的补漆颜色一般用作底漆或色漆层，作为汽车漆修补双工序工艺的第一道工序。干燥后必须喷涂 2K 罩光清漆覆盖。在喷涂时一般程序为"色漆 + 稀释剂"直接施工，无需加固化剂。

用 2K 色母调配而成的修补漆颜色可直接做面漆使用，无需加喷 2K 罩光清漆覆盖。在喷涂时按"色漆 + 固化剂 + 稀释剂"程序施工。

九　汽车金属漆知识

（一）什么是金属漆，为什么金属漆会闪闪发光

20 世纪 70 年代，科研人员发现将细薄的铝片加入油漆后闪烁效果非常好，金属感强，并可以使得正、侧面颜色深浅不同。于是这项发明立即被工业化，并越来越多地用在汽车上，这就是我们所说的金属漆。

金属漆改变了传统漆颜色单调的缺点，通过其中的铝片反射光线，从不同角度都有闪闪发光的效果，能够吸引人的注意，满足人们的审美需求，现

已在轿车面漆中占主导地位。

（二）金属颜料在涂层中的作用

金属漆中使用较多的是非浮型闪光铝浆，它的径厚比约为 30，是很薄的铝片，银粉的表面很光滑，每颗铝粉就像一面镜子，平行排列在涂层中，像镜子一样起反射作用。

在实际涂层中，由于受到各种因素的影响，铝粉排列呈现无规则状态，光线照射到漆表面，入射光一部分在涂层表面发生镜面反射，一部分通过清漆进入金属涂层，在涂层中铝粉表面发生反射。

因为铝粉在涂层中的排列不绝对平行，所以产生的反射光的强度曲线有一个较大的夹角。曲线越尖锐，说明铝粉排列越平行，涂层的正面越明亮，侧面越暗；曲线越宽，铝粉排列越无规则，涂层正、侧面明度差距就越小。在调色过程中可以通过加入银粉控色剂调整银粉颗粒的排列。

此外，铝粉的形状（如爆花形或银圆形，即普通银和闪银）、不同径厚比与表面粗糙度等均影响银粉的特性。这些在汽车修补漆生产厂家介绍铝粉色母时均有说明。

（三）银粉漆的特性

银粉漆就是指加入了铝粉的色母。颜料用的铝粉是指粒子呈鳞片状、表面抛光处理过的铝粉。与其他颜料相比，其特性表现在以下几方面。

1 遮盖力强

铝粉呈鳞片状，其片径与厚度的比例为 40：1 ～ 100：1，铝粉分散到涂层后具有与底材平行的特点，众多的铝粉互相连接，大小铝片相互填补形成连续的金属膜，遮盖了底材，又反射涂膜外的光线，这就是铝粉特有的遮盖力。

铝粉遮盖力的大小取决于其径厚比，就是铝粉的粗细厚薄。铝在研磨过程中被延展，径厚比不断增加，遮盖力也随之加强。

2 铝粉的物理特性

分散在涂层内的铝粉会发生漂浮，总是与被涂装的底材平行，形成连续的铝粉层，而且这种铝粉层在涂膜内多层平行排列，使外界的水分、气体无法透过涂层到达底材,这种特点就是铝粉良好的物理屏蔽特性。

3 铝粉的光学特性

铝粉由颜色浅白、高金属光泽的铝压延制成。它的表面光洁,能反射60% ~ 90% 的可见光、紫外光和红外光。用含有铝粉的涂料涂装物体,其表面银白光亮,具有很强的金属感,这就是铝粉反射光线的特征。

4 铝粉的"双色效应"

颜料用铝粉由于具有金属光泽和平行于被涂物的特性,在含有透明颜料的载体中,铝粉的光泽度和颜色深浅随入射光的入射角度和视角的变化发生光和色的变化,这种特性称为"双色效应"。当正常的定向排列在底材和涂膜表面呈平行状态时,在反射角处观察,涂层最明亮;其他角度观察,明度降低;逆向观察,明度最低,如图1-3所示。

图1-3 银粉漆的正面、侧面

+ 认识珍珠漆

(一) 什么是珍珠漆

科学家根据天然珍珠的原理,在片状的云母片上加上不同厚度的钛白粉或氧化铁等无机氧化物,然后做成细薄片加入油漆。由于每层的厚度和折光率不同,当光线透过、反射和折射时,普通的白光被分解成彩虹般的各色光线，从而使油漆的颜色正侧面不同，产生变化的效果，这就是我们所说的珍珠漆。珍珠汽车漆具有很高的镜面光泽，珠光细洁柔和，装饰性极佳，同时具有随视角变化的闪光效应，几乎所有高档豪华轿车均采用珍珠漆涂装。

我们常说的珍珠色母大多数由云母表面镀上一层二氧化钛加工而成。通过控制二氧化钛层的厚薄，就得到了我们所见的一系列不同颜色的珍珠色母粉。主要包括下面几种类型。

（1）白珍珠　珍珠色的正面颜色由反射光组成，而侧视色调则由透射光组成，反射光为珍珠银光泽，透射光无特殊颜色，因为所有波长的光波都被反射。

（2）干涉型云母珍珠　红珍珠反射红光，也透射红光；黄珍珠反射黄光，透射蓝光；蓝珍珠反射蓝光，但透射黄光；绿珍珠反射绿光，但透射红光。反映到色母的外观上，正面表现出相应的颜色，侧面则表现出透射光的颜色。

（3）水晶珍珠　与传统珍珠相比，水晶珍珠最大的区别是使用了高纯度的氧化铝金属取代云母为底材，外层镀以不同厚度的金属氧化物如二氧化钛等，其效果特征是在强光下闪烁度正侧面都较强。

（二）珠光颜料在涂层中的作用

珠光颜料呈片状，具有较高的折射率，它与金属闪光颜料一样，均衡排列在涂层中反射入射光，但反射率比较低，部分入射光透过珠光颜料，视感不是很亮但很柔和。

珠光颜料是通过包覆云母片的二氧化钛薄膜发生光干涉效应，产生种种颜色。当二氧化钛包覆的薄膜非常薄时，产生白色珠光；增加其厚度，则依次可得到金色、红色、蓝色和绿色的折射色。

（三）珍珠漆与金属漆的区别

珍珠漆是金属闪光漆中的一个特殊品种，它与一般金属漆无论装饰特殊性还是最终的装饰效果均有明显的差异。珍珠漆具有下述几个特点。

1 具有细洁柔和如绸缎般的珍珠光泽效应

汽车珍珠漆在施工中，珠光颜料薄片能在涂膜中获得规则的定向排列，入射光照射在珍珠漆表面，能显示出类似丝绸和软缎般细腻柔和的珍珠光泽，这就是所谓的珠光效应。珠光效应是珍珠漆独有的特色，是区别于一般金属漆的特征之一，如图 1-4 所示。

图1-4　珍珠光泽效应

2 具有明亮闪烁的金属闪光效应

一般金属漆是依靠金属颜料片对光的镜面反射产生金属闪光效应，但涂膜却缺乏三维空间质感。而采用经过着色处理的珠光颜料，不但同样获得一系列不同色泽的金属色珠光涂料，而且珠光颜料总是只反射部分入射光，而将大部分入射光透射到下一层晶片上，又重复一次光的反射和透射，使涂膜的丰满度优于一般金属漆，如图 1-5 所示。

图1-5　金属闪光效应

3 具有随视角变化的视角闪色效应

透明片状的珠光颜料平行分布在漆料中，入射光在涂层中发生多次光的折射和反射，平行的各种反射光之间发生光的干涉现象，这种随观察者观察角度不同而看到的颜色不同的现象称为视角闪色效应或多色效应。

正常的定向排列在底材和涂膜表面呈平行状态，在90°观察时能观察到最高的表面亮度和最大的饱和度；而在45°观察时，由于入眼的反射光数量减少，则能观察到颜色变深，如图1-6所示。

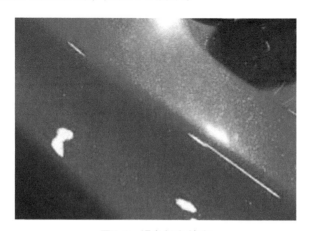

图1-6　视角闪色效应

4 具有随曲率而改变的色彩转移效应

采用干涉色彩云母钛珠光颜料制成的连续涂膜，能同时显示两种完全不同的颜色，这种颜色的变化称为色彩转移效应。

用干涉色云母钛珠光颜料配制而成的轿车珍珠漆，其色彩会随轿车车身的曲率改变而改变，即从一种原色变化到它的互补色。正是由于它具有的色彩转移效应，人们才有可能根据不同的需要设计不同的涂料配方，以创造各种梦幻效果的珍珠汽车漆。

十一　常见涂料术语及解释

1 表干时间

表干时间是指在一定的干燥条件下，一定厚度的湿漆膜，表面从液态变为固态所需的时间。

2 实干时间

实干时间是指化学固化型涂料在说明书中指定的环境温度下完成固化反应，漆膜达到说明书中所描述的指标（如达到一定硬度）所需的时间。

3 黏度

黏度为液体对于流动所具有的内部阻力。

4 固体含量

涂料中所含有的不挥发物质的量为固体含量，即涂料成膜物质的有效成分。固体含量越高，成膜性能越好。

5 遮盖力

色漆消除或覆盖底材上的颜色或颜色差异的能力称为遮盖力。

6 漆膜厚度

漆膜厚度是指在刚涂布过一道油漆的底材表面上油漆的厚度，可用湿膜仪测定。湿膜厚度与说明书中给出的干膜厚度相对应，其数值由理论计算而得，一般以微米（μm）表示。

7 干膜厚度

干膜厚度是指涂装在底材表面的漆膜待其完全干燥后，附着在底材表面上的干漆膜厚度，这个厚度可以用干膜测厚仪测定。

8 光泽

光泽是表面的一种光学特性，可用光电光泽计测试，为从漆膜表面来的正反射光量，与在同一条件下从标准板表面来的正反射光量之比，用百分数表示。

9 硬度

漆膜抵抗如碰撞、压陷、擦划等机械力作用的能力即硬度，一般用铅笔测试法。测试方法是将一个已喷漆面板完全干燥固化后，放置于稳固的水平表面；操作员紧握铅笔以与面板 45° 划一条长 6.5mm 的线。以铅笔不会切削、削除或刮伤膜层为准，此过程从最硬的铅笔（6H）开始到 6B，漆膜硬度一般能达到 2H 就很不错了。

10 柔韧性

漆膜随其底材一起变形而不发生损坏的能力称为柔韧性。

11 兼容性

一种产品与另一种产品相混合，而不至于产生不良后果（如沉淀、凝聚、变稠等）的能力称为兼容性。

12 附着力

漆膜与被涂面之间（通过物理和化学作用）结合的牢固程度称为附着力。被涂面可以是裸底材也可以是涂漆底材，用划格法来测试。

13 耐候性

漆膜耐晒、抗紫外线的能力称为耐候性。

14 耐黄变性

漆膜在老化过程中出现的变黄倾向称为耐黄变性。

15 耐湿变性

漆膜受冷热交替的温度变化而保持其原有性能的能力称为耐湿变性。

16 耐化学性

耐化学性是指耐汽油、耐酸碱的能力。

17 施工性

施工性一般是指涂料在喷涂过程中不出现流挂、起皱、渗色、咬底，干速适中，对施工环境条件要求低等。

18 配比

双组分漆的配比是根据油漆中的树脂组分和固化剂组分中各自所含的活

化官能团数，通过理论计算与试验所获得的两组分混合比，按说明书中所给定的配比，将两组分混合均匀，才能使两组分间的分子进行充分反应以获得性能理想的漆膜。

双组分漆的两个组分一旦混合在一起，就必须在规定的时间内用完，所以必须掌握好用量，用多少配多少，以免造成浪费。

19 适用期

适用期是指多组分的化学固化漆，在相互混合均匀后，适合于施工的最长时间。超过这一时间后，即使加入稀释剂也无法使用。

20 涂装间隔

涂装间隔是指两道涂层在涂装的过程中对间隔时间的要求。不同类型的涂料，其间隔时间也不同，在施工时，应按其各自的要求进行施工，不能小于或超出说明书给予的间隔时间，否则会影响漆膜涂层与涂层之间的结合力而造成漆膜剥离等问题。

十二 涂料在保质期内容易出现的问题和解决方法

1）涂料在保质期内容易变稠，透明的清漆看起来比较混浊，严重者变成糊状、浆状。

主要原因如下。

① 稀释剂选择不当，对成膜物（树脂）的溶解度差，只能部分溶解，因而出现混浊。稀释剂中可能含有水分。

② 不同溶剂系统的油漆不能混用，特别注意调色后的涂料不要随便混合贮存，否则也会产生糊状、分层等现象。

③ 运输和贮存时有水分及潮气侵入。

④ 贮存时温度过高或过低都有可能出现上述问题。

防止出现这种现象的方法：在配制涂料时要选择配套的溶剂、含水量要低；应贮存在通风干燥的库房中，防止日光直接照射或过分冷冻，应隔绝火源，远离热源。

2）涂料在保质期内颜料与树脂分成明显的两层，底层的颜料有时结成块状物而无法搅起，这种现象叫沉淀或结块。

主要原因如下。

① 涂料配方设计不当或者溶剂使用不当，对涂料树脂的溶解力差。

② 颜、填料使用不当。如选用的颜料、填料密度过大，与树脂的亲和力差，易产生沉淀或结块。

③ 生产工艺不当也会有此类现象，如颜、填料研磨细度不够，颗粒太粗而絮凝等。

④ 涂料太稀或树脂过少。

⑤ 贮存时间过久或密封不严，造成水汽或其他杂质进入。

预防与解决的办法：加入适量微米级二氧化硅等涂料常用的防沉剂。

3）涂料在保质期内出现结皮现象。

主要原因如下。

① 制造油漆时使用的助剂如催干剂等使用不当。

② 包装时，装桶不满、桶盖不严、桶本身存在砂眼等缺陷及施工后对未用完的涂料处理不当（未将涂料与空气隔开）。

解决方法：加入少量防结皮剂，用后及时密封或表面加少量溶剂以隔离空气。

4）涂料贮存时间过久，致使各种颜料色彩发生变化（褪色、变暗、失去鲜艳光泽）。

主要原因：颜料密度不一致，密度大的颜料下沉，密度小的上浮等。

解决办法：使用时要充分搅拌。

5）涂料发胀，涂料在保质期内的黏度大增，最后变成干结坚硬的固体。

主要原因：无机颜料与树脂之间发生皂化反应，致使黏度迅速增高或涂料聚合过度。这种情况一般很难用物理方法挽救，不能再使用。

第二章 汽车修补漆工艺

一 常见的双工序修补工艺

（一）什么是双工序工艺

双工序工艺是指先喷涂 1K 色漆层，再喷涂 2K 清漆层的操作工艺流程。

（二）4S 店双工序工艺流程

1 化学除漆

化学除漆是指用化学方法脱去旧漆膜，如刷涂高效脱漆剂。在需要修补的地方反复刷涂脱漆剂两三遍，静置 5 ～ 10min，旧漆膜就会因化学作用膨胀变软起裂，可用木、竹刀将旧漆膜轻轻刮净。如果一次脱不干净，可数次涂刷脱漆剂，直至将旧漆膜脱净。

2 机械除漆

用电动手砂轮机清洁需要修补的部位并将修补区域边缘打成羽状，作为原子灰层与基材间的过渡。

3 除锈

机械除锈法：用电动手砂轮机安装钢丝刷，将修补部位的锈彻底清除干净，或用砂纸打磨干净修补部位。新焊接或除铁锈后的金属表面要喷涂环氧树脂防锈底漆以防生锈。

4 脱脂

使用脱脂剂擦拭需要修补的部位。

5 刮涂第一道原子灰

刮涂原子灰两三遍，以刮平整为主。需要注意的是，原子灰固化剂不可多加或少加，多加会造成原子灰抗冲击力不够，少加会造成附着力不够。当天气寒冷时，涂刮后要进行适当加热，烘干。否则原子灰没有充分固化，喷涂后会产生起泡、脱层现象。

6 打磨

用由粗到细的水砂纸（60号、150号、240号、360号、600号）磨平刮涂原子灰区域，以平整、光滑、无砂眼、无凹凸不平为好。

7 刮薄灰（第二道原子灰）

用原子灰在已打磨好的区域上再薄薄地刮一遍，确保车身曲线丰满平整，同时也起到填充砂眼的作用。

8 二次打磨

用由粗到细的水磨砂纸打磨平整、光滑。

9 刮填眼红灰

用红灰在已打磨好的区域上再薄薄地刮一遍，起到填充砂眼的作用。

10 三次打磨

用600号或800号砂纸打磨红灰层，确保平整、光滑、无砂眼、无凹凸不平。

11 遮蔽

将相邻的板块进行遮蔽，避免漆雾飞溅到不需喷涂的周围板块。

12 二次脱脂

用除尘纸蘸上脱脂剂在干燥的修补区域脱脂。

13 中涂底漆

如果修补的面积较大，可不刮红灰，喷涂中涂底漆。正确混合中涂底漆，特别是对双组分产品的混合比例要严格执行油漆生产商的标准；使用0.2MPa左右的气压喷涂中涂底漆，避免气压过高使喷涂面出现粗糙而产生附着力不良的问题。

14 中涂底漆打磨

中涂底漆干燥后用 600 号或 800 号以上砂纸轻轻打磨一遍，同时检查有无砂眼，有无凹凸不平。

15 调漆

调配色母和罩光清漆。按油漆生产商提供的比例标准调配好色漆与罩光清漆。

16 工件准备（三次脱脂）

用除尘纸蘸脱脂剂擦去油脂、油污；再用除尘布与压缩空气边吹边擦，去除灰尘与杂质。

17 喷涂色漆

喷涂第一道底色漆，遮盖中涂漆位置，并挥发 5 ～ 10min；再喷涂第二道底色漆，比第一道稍大 10% ～ 20% 的面积，并挥发 5 ～ 10min，保证已完全遮盖中涂底漆。第三道喷涂时用颜色漆进行过渡（通俗来讲就是"飞"一点到修补区域的周边进行过渡），挥发 5 ～ 10min 后喷涂清漆。

18 喷涂清漆

第一道清漆必须喷涂在底色漆喷涂位置，预防底色漆在后期处理时出现成层脱落现象，并静置挥发 5 ～ 10min，表面不粘手时喷涂第二道清漆；第二道清漆喷涂，必须比喷涂第一道清漆稍大 10% ～ 20% 的面积，避免两层喷涂重叠导致过厚的接口；检查喷涂后漆面的光泽、亮度与漆膜厚度是否达到要求。

19 喷涂驳口水

局部修补时，在漆膜的新旧接口位置直接喷涂驳口水，使新旧漆膜融为一体，看不出修补痕迹。

20 去除遮蔽物、清洗喷枪

用天那水（香蕉水）等清洗喷枪，以便下次使用。

21 强制干燥

热风烘烤或红外干燥或 UV 固化，根据油漆供应商提供的烘烤温度与时间等参数，结合设备条件进行干燥。

22 抛光

检查漆面的缺失情况，如桔皮、尘点、流挂、光泽度等，再根据情况进行漆面处理后抛光。

23 全车清洁

清洁后出车（避免用高压水冲洗）。

 ## 二 高彩度珍珠漆的喷涂工艺

目前各大汽车公司几乎所有的中高档轿车均采用珍珠漆涂装。在汽车修补漆市场，颜色准确度难以掌控的是三工序涂膜的修补，因为涂膜底色的喷涂直接影响珍珠层的闪烁度，而珍珠层的珍珠颗粒喷涂又影响颜色的明暗度。

（一）汽车颜色的发展趋势

1）彩度提高。这分为两种情况：一是着色色母颜色的鲜艳度、饱和度不断提高，开发出各种高彩度色母，如水晶色母等。二是利用色漆漆膜稍透明的特点，选用适宜的底色可使面漆的颜色比原涂料的色彩更加鲜艳，如黄色底漆可使红色更鲜艳，灰色底漆可使红色更红，蓝相蓝色底漆可使黑色更黑亮，群青类红相蓝色底漆可使白色更洁净、清白。黄色、粉红色、天蓝色，可采用白色作为底漆提高鲜艳度。

2）三层做法。珍珠漆的特殊喷涂方法，通过反射底漆的颜色，使漆面更具艳丽的彩虹效果。

3）彩色清漆。在清漆中添加透明色母。

4）变色效果。从不同角度观察，存在颜色差异，如特种变色漆。

5）浅色银粉。银粉漆的颜色趋向浅灰色、香槟色等。

6）彩色底漆。在底漆中添加近似色母。

（二）常见三工序白珍珠喷涂操作规程

三工序是指油漆喷涂分为三层：第一层是漆膜的正色，如白色；第二层是纯正的珍珠层，可使珍珠层不受颜色渲染，颗粒在阳光照耀下更加闪烁；第三层是清漆层，可以保护底材不受污染与腐蚀。

工艺与步骤如下：

1 白底施工

表2-1为白底的喷涂参数，可为珍珠层打好基础。注意为两遍喷涂，以达到遮盖目的。

表2-1　白底的喷涂参数

遍数	第一遍	第二遍
气压	200~400kPa	200~400kPa
出漆量	全开	全开
遮盖	50%~70% 遮盖	100% 遮盖

注意事项

1）白底色喷涂时，应严格按照相匹配的稀释剂的标准比例添加，避免底色漆黏度过高，产生桔皮纹，并要保证底色漆的闪干时间。

2）完成白底色喷涂后，检查其光滑程度。若白底色呈现粗糙现象，待闪干后使用1000号或1500号砂纸打磨光滑，在原来稀释基础上再增加10%左右的稀释剂，喷涂一遍即可。应保证底色漆面的光滑程度，否则珍珠层无法充分填充底色漆的粗糙缝隙处，会出现珍珠层发花及颜色的差异。

3）待白色底层闪干后再进行珍珠层喷涂。喷涂珍珠层时，要求采用与调色打样板时一致的稀释比例、喷涂层数、喷涂气压、喷涂枪距进行喷涂。确保与调配样板时采用的手法一致性，才能避免样板与重修补车身的颜色差异化。

2 珍珠层施工

不同厚度、不同喷涂遍数的珍珠层，对颜色也会有较大的影响，见表2-2。

表2-2　珍珠层施工参数

遍数	第一遍	第二遍	效果层
气压	200~400kPa	200~400kPa	200~400kPa
出漆量	全开	全开	全开
遮盖	50%~70% 遮盖	100%	薄层 / 速度加快

在喷涂白珍珠时，每一层珍珠涂层的叠加，颜色都会发生变化（黄相），建议每喷涂一层白珍珠后，都要观察白珍珠的颜色变化。

完成珍珠层喷涂后，观察与车身的颜色差异。正常情况下，未喷涂清漆的涂层较车身原色略浅（略白），喷涂清漆后基本与车身原色接近。若发现有较大的颜色差异，应现场分析原因并重新喷涂。

3 喷罩光清漆

罩光清漆也是两遍。第一遍可采用雾喷，预防咬底，不要太厚，可有少许光亮度。第二遍采用湿喷，喷出光亮度，走枪要均匀。喷涂完成后检查平整度和饱满度，如果不够再补枪，虚喷一遍。

三　气压喷涂方法与技巧

（一）气压喷涂的基本原理

气压喷涂是指以喷枪为工具通过压缩空气喷涂的工艺。其基本原理是：当一定压力的压缩空气从喷嘴的环形孔喷出时，在喷嘴前形成负压，涂料在负压作用下，通过中心孔道被抽出，涂料与压缩空气相会后，被雾化分散成细小涂料颗粒，施涂于被涂物表面。一般使用的喷枪等都是气压喷涂性质的工具。

（二）工具介绍

1 空气压缩机

空气压缩机的工作原理是由电动机带动压缩机的活塞做往复运动，将外界空气吸入并压缩至储气罐，如图 2-1 所示。

2 油水分离器（空气过滤器）

高压气体在管道输送过程中可能存有少量水分、油脂和尘埃，这些物质也会影响喷涂的质量。油水分离器是专为油漆喷涂设计的,可提供极佳的空气过滤效果,具有调压稳压功能,并附有气压表,清楚显示操作气压;有单体和双体两种,双体设计更具有双重过滤效果,可除去压缩空气中的水分、油污和尘埃,使喷涂达到最佳效果。其外观如图2-2所示。

图2-1　空气压缩机　　　　　　　　　图2-2　油水分离器

3 喷枪

喷枪是汽车空气喷涂的基础工具,包含枪身、喷嘴套装、控制部件和其他附件。完美的喷涂效果离不开好的喷枪,其外观和结构如图2-3所示。

重力式(上壶)　　　　　　　吸入式

图2-3　喷枪的外观和结构

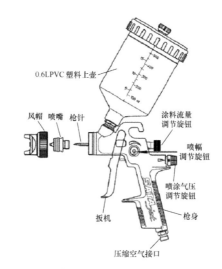

0.6LPVC 塑料上壶

风帽　喷嘴　枪针

涂料流量
调节旋钮

喷幅
调节旋钮

喷涂气压
调节旋钮

扳机　　　　枪身

压缩空气接口

图2-3　喷枪的外观和结构（续）

（三）喷涂技巧

1 调枪

喷涂施工前，喷枪和相关设备应清洁，并处于正常的工作状态。检查喷枪是否产生理想的喷雾形状。理想的喷雾形状应对称，雾化粒度分布均匀，边缘清晰，喷雾形状边缘之外只能有少量漆雾存在，如图 2-4 所示。低的雾化气压有助于产生正确、均匀的喷雾形状，减少反弹和过喷。

2 持枪

正确喷涂的轨迹应与工件表面保持垂直。根据被涂面角度，喷涂时喷枪与喷涂表面的距离一般为 15 ～ 30cm，如图 2-5 所示。

要获得更湿、色深和较厚的涂层，距离可近些；要获得更干、色浅和较薄的涂层，距离可远些。

3 走枪

走枪包括喷枪对被涂面的角度和喷枪的运行速度。应保持喷枪与被涂面呈直角、平行运行，如图 2-6 所示。喷枪移动速度一般在 30 ～ 60cm/s 之间调整，并要求恒定。

过度雾化区
雾化区
中心润湿区

图2-4　喷枪喷雾形状

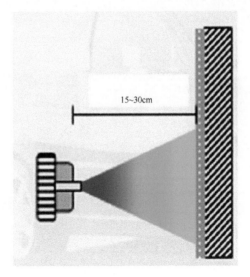

15~30cm

图2-5　持枪正确方法

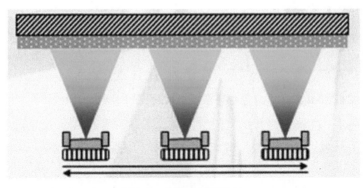

图2-6　走枪的正确方法

　　如果喷枪倾斜并呈圆弧状运行或运动速度多变，就得不到厚度均匀的漆膜，并易产生条纹和斑痕；喷枪的运行速度过慢（30cm/s以下），则易产生流挂。相邻喷涂行程应有个搭接量，即重合率，重合率应达到50%～60%，如图2-7所示。喷枪移动过快或者喷涂搭接量不多时，就不易得到平滑的漆膜。当对漆层厚度的均匀性要求高时应采用交叉喷涂法，即先做竖直方向的喷涂，然后再做水平方向的喷涂。

（四）喷涂原则

　　喷涂总的原则为先内后外，先上后下；先局部，再统一。即先喷涂

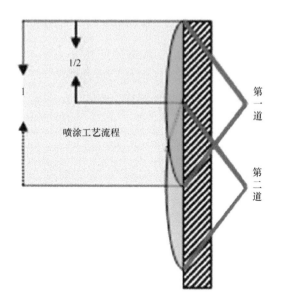

图2-7 重合率

内表面再喷涂外表面，先喷涂顶面再喷涂侧面；先雾喷修补区域，再统一覆盖喷涂。

（五）喷涂方法

1 色漆的喷涂方法

珍珠银粉色漆喷涂分三遍：

第一遍喷涂为雾喷，走枪速度可比较快，在修补区域或全车喷上一层犹如薄雾般的漆膜，使涂料能与中涂漆涂膜粘合。

第二遍喷涂遮盖中涂漆或腻子红灰层，显出颜色，注意不要有银粉色漆的色斑、发花等问题出现，走枪的速度可稍快。

第三遍喷涂是修正第二遍喷涂时产生的色斑等喷涂不均匀现象。总体来说，要求以修补区域或全车的颜色遮盖均匀一致为标准。

2 罩光清漆的喷涂方法

1）等色漆喷涂后闪干 5 ～ 15min，使部分溶剂挥发，涂膜变得干燥后才可喷涂，可用手指轻轻触及涂膜而不沾上颜色时即可喷涂罩光清漆。如果色漆表面比较粗糙或为了防止有灰尘，可用除尘布与压缩空气边吹边擦一遍。

擦完后，用脱脂剂脱脂（行业内称为除油剂除油）。

2）罩光清漆的第一遍喷涂以雾喷为主，不能喷涂过厚，以稍许能出现光泽的程度喷涂，喷枪的运行速度可稍快。

3）第二遍罩光漆喷涂是装饰用，要喷出亮度；注意平坦性、光泽度。用双程（来回）喷涂方法重叠地喷涂，喷枪运行采用正常或稍慢的速度。

（六）气压喷涂注意事项

要想得到高品质的漆膜，在喷涂施工中要注意以下几个问题：

1 喷涂前，先检查工具与工作环境

1）空气压缩机内的水分、油脂必先除去。

2）彻底清洁喷漆房，不能有起灰尘的堆积物、油质、棉纱类物质。

3）检查通风系统是否正常。

2 修补区域表面干净

施喷表面一定要用水冲洗干净并干燥；有油脂、蜡质等要用脱脂剂脱脂。

3 用高品质稀释剂

每种油漆稀释剂的溶解力不同；使用配套的稀释剂和正确的配比，油漆可发挥最大效果。

4 配比要正确

清漆、固化剂与稀释剂要严格按各厂家产品技术导则规定的配比配置，比例不正确将影响油漆的效果。

5 搅拌均匀并熟化 5 ～ 10min

不管哪一种漆、哪一厂家，搅拌均匀是最重要的，尤其是金属漆。对于双组分漆，调配好后静置 5 ～ 10min（称为熟化时间），使漆内的树脂与固化剂进行一定程度的化学反应后再使用，以保证施工质量和漆膜的性能。

6 空气压力要适当

在正常情况下，气压设定在 250 ～ 500kPa。喷涂压力保持在 250 ～ 350kPa 时最为理想，特别是喷金属漆时，气压大小与出漆量和颜色有很大关系，气

压大了会使银粉沉在下面，使颜色变浅；气压小了，会使银粉浮在上面，使颜色变深，同时光泽度不高。当喷涂罩光面漆时，第一遍雾喷时气压可低一点（250～350kPa），第二遍雾喷时要把气压调高些（350～500kPa），才能喷出亮度。喷涂压力过高或过低都会影响喷涂效果。

7 正确的喷涂方法

保持喷枪枪嘴与修补表面的距离为 15～30cm，根据修补区域的大小调整喷射扇形面宽（弦长）为 15～25cm，每次喷涂间隔为 5～10min，要留有充分的干燥时间。

8 注意配备好个人安全防护用品

进行喷涂时，一定要穿戴好安全防护用品，如防护服、护目镜等，避免人身伤害。

（七）喷枪的维护

喷枪的维护非常重要，好的保养方法能延长喷枪的使用寿命。维护保养的方法主要包括以下几个方面。

1）喷枪使用后应立即用溶剂洗净，但不能使用对金属有腐蚀作用的苛性钠等碱性清洗剂。

2）用带溶剂的毛刷仔细洗净空气帽、喷嘴和枪体。当空气孔被堵塞时可用软木针疏通，不能用钉或针等硬的东西去捅，这样会产生磨损。

3）不能将喷枪全部浸入溶剂中，这样会损坏各部位的密封垫圈，从而造成漏气、漏漆的现象。

4）检查针阀垫圈、空气阀垫圈等密封部位是否泄漏，有泄漏时应及时更换。应经常在密封垫圈处涂油，使其变软，以利于活动。

5）扳机的螺栓、空气帽的螺纹、涂料调节螺栓、空气调节螺栓等应经常涂油，以保证转动灵活。枪针部和空气阀部的弹簧也应涂润滑脂或油，这样有利于滑动，并可防止生锈。

6）在卸装喷枪时应注意：各锥形部位不应粘有垃圾和涂料；空气帽和喷嘴不能有任何损伤；组装调节到最初轻扣扳机时只喷出空气，重扣扳机时才喷出涂料。

四　驳口修补工艺

1　概念

所谓驳口修补就是将修补的地方融入周边的原色，使人看不出有修补的行为。

2　完成这种工艺所需的产品

1）2K 素色漆或 2K 清漆。

2）驳口稀释剂。

3　修补步骤与方法

1）用 P400 号或 P600 号砂纸打磨要局部修补的区域。

2）周边区域用 2000 号砂纸轻轻打磨或用粗蜡抛光，作为 2K 色漆或 2K 清漆的融入区。

3）配制好 2K 色漆或 2K 清漆（面漆、固化剂和稀释剂按厂家产品说明要求混合）。

4）喷涂。在局部修补地区及周边，喷涂两道色漆，每一次都由内向外扩展喷涂面积；喷第二道时，将它延伸到驳口区，每一道喷涂之间静置 5min，如图 2-8 所示。

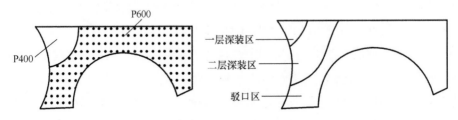

图2-8　驳口修补工艺

5）配制驳口水。

2K 色漆：5 份驳口水加 1 份已配制好的 2K 色漆与固化剂。

2K 清漆：5 份驳口水加 1 份配制好的清漆与固化剂，或直接使用驳口水。

6）喷涂驳口水。当最后一道 2K 色漆或 2K 清漆喷涂完成时，立即用以上调配好的驳口水喷涂在修补涂层的边缘，使其融入旧漆的其他地区，一般轻喷两三道即可完成驳口的工作。

7）干燥。室温下自然干燥或在 60℃ /40min 条件下烘烤。如有必要，在完全干燥后，可用抛光蜡抛光。

4 驳口修补实例讲解

局部补漆，一般都是用喷枪喷一个面，喷枪喷出来的面是一个扇面，然后再喷驳口水，如图 2-9 和图 2-10 所示。

图2-9　圈中为喷涂后的融接区　　　图2-10　在这个接口区喷涂驳口水，就看不出新旧接痕

5 塑料制件的修补和喷涂技术

1）对于保险杠下部、普通桑塔纳前后保险杠这样的部位，触感有明显凹凸，属于麻面的塑料受损后的处理方法，基本上与一般喷漆步骤一样，打磨，再刮灰，然后喷底盘装甲胶，如图 2-11 所示。

图2-11　塑料制件的修补和喷涂技术

2）对于塑料前后保险杠等塑料制件，基本上与一般喷漆步骤一样，打磨，刮灰，先喷塑料底漆，然后再喷涂色漆和清漆。

3）对于散热器框架、纵梁、发动机舱盖反面等部位的喷涂，一般打磨一道后，直接喷漆。如果有凹凸，则需刮灰。与其他部位相比不会做精细化处理。发动机舱盖反面如果有隔热垫，一般修理厂可能简单处理后直接装上去。

4）对于现代途胜、长安之星前保险杠等部位触感很光滑，但用眼看上去却又无光泽的部件，一般是用亚光漆喷涂处理。

五　整车修补涂装工艺

当车身涂层出现失光、变色现象，甚至涂膜开裂、局部脱落，汽车大修后进行翻新涂装或整车改变涂装时，需要进行整车修补涂装。

（一）整车修补涂装的种类

1 出白涂装

出白涂装是指将车身旧涂层（面漆与底漆层）全部清除掉，露出金属底材后进行涂装的工艺。

2 面漆翻新涂装

如果底层涂层完好，仅面漆老化（变色、失光、粉化等），只需打磨掉已损坏的面漆层后即可喷涂新面漆，则称为面漆翻新涂装。

（二）涂装工艺介绍

1 前处理

钣金校正平整表面，去除旧涂层；除锈，脱脂去污、灰尘；有条件时可进行磷化处理。

2 刮腻子

在钣金修整部位和凹凸表面涂刮自干油性腻子。要用刮灰把车身平度、轮角及线条等每一个细节都填补磨塑出来。

3 打磨腻子层

由粗到细用水砂纸磨平刮涂原子灰区域，以平整、光滑、无砂眼、无凹凸不平为好。一般需要重复两三次，最后一次用600号水砂纸湿打磨。

4 中涂底漆

中涂底漆分两种：一种是双组分聚氨酯中涂漆，具有优良的填充性和封闭性，完全干燥后的性能与原厂中涂漆一样；另一种是灰底漆（苏灰土），是单组分中涂漆，主要用作打磨指示涂层，如刮涂腻子后的细打磨。整车喷涂底漆，干燥后用 600 号水砂纸打磨平整光滑，然后吹净，擦净水分和污物。

5 脱脂

用脱脂剂擦净被涂表面的油污、灰尘等。

6 喷涂面漆

喷涂色漆与面漆，自干或在 60℃ 以下强制干燥。

7 漆面抛光打蜡处理

以上为车身出白涂装的工艺简介和操作顺序，如果只需要面漆翻新，可直接打磨面漆层，喷涂中涂底漆，干燥打磨后脱脂，再喷涂色漆与面漆，按步骤 4 ～ 7 的顺序操作即可。

汽车修补后对漆膜进行研磨抛光的工艺

汽车表面经喷涂之后，可能会出现粗粒、砂纸痕、流痕、反白和桔皮等漆膜表面的细小缺陷，为了弥补这些缺陷，通常在喷涂后进行研磨抛光处理，以提高漆膜的镜面效果，达到光亮、平滑、艳丽的要求。

（一）研磨抛光的步骤介绍

1 清洗整车

首先，在进行研磨之前先用脱蜡洗车液或去污力强的漆面清洗剂清洗整车，将漆面污垢彻底清除，但不需要擦干，同时应避免颗粒灰尘在研磨中造成新划痕。

2 水砂纸打磨修复

对于喷涂表面有粗粒、细微砂纸痕或流挂痕等缺陷，在抛光前先用 1000 ～ 2000 号水砂纸蘸水包在小橡胶衬块外面，对其轻轻打磨至平整（注意不能磨穿漆层）。如果没有痕迹，则可直接进入研磨工序。

3 粗、细蜡研磨

用电动研磨机加上粗蜡对水砂纸的痕迹进行研磨，再加入细研磨膏进行抛光细研磨。操作方法如下所述。

1）把海绵头用清水浸湿，把粗、细蜡（先粗后细）涂在研磨机的海绵头上，也可直接涂在需要打磨的车身漆面上，如图 2-12 所示。

图2-12　研磨操作方法（一）

2）在需要打磨的车身漆面上方，轻轻按动研磨机开关，蜡在离心力的作用下会比较均匀地涂在需要研磨的车身漆面上，如图 2-13 所示。

图2-13　研磨操作方法（二）

3）研磨操作技巧。研磨前应先开机，然后再将研磨抛光机轻轻慢放于漆面，并且压力应逐步均匀增大，防止接触瞬间造成深度晕痕。在研磨将近结束时，力度应越来越轻，最后轻轻慢起于工作面，以防研磨后出现下一阶段的抛光工序也无法去除的晕痕。施工中机头尽量不要离开工作面，应成直线左右匀速来回移动，并且第二道应紧压第一道的 1/3，同时根据板块面积大小上下交替进行，整个过程不应有间断，最好一气呵成。研磨后漆面应呈亚光色，如果在检验过程中发现某些局部的亮度与其他研磨处的不同，光亮度较好，无磨花印迹，就说明此处有漏打的现象，应及时采取补救措施，进行局部研磨或手工研磨，如图 2-14 所示。

图2-14　研磨操作方法（三）

4）研磨操作注意事项。研磨操作不能在干燥的环境中进行，因此无需擦干洗车后漆面附着的水滴。

①在研磨操作中，研磨头要始终与工作面保持平行。

②在车身漆面棱角处不能过度研磨，以防磨穿表面漆层，因为棱角处的漆膜厚度较薄。

③研磨的力度要在接近结束时慢慢减轻，可以防止在研磨后出现光环印迹。

④研磨后车体要用洗车液彻底洗净后再进行抛光工序。

4 抛光

抛光与研磨有许多相近之处，不同之处主要在于抛光所采用的养护用品是比中性研磨剂更细的抛光剂，主要是为了清除漆层表面的轻微氧化物和杂质，并抛去粗蜡打磨留下的旋印，填平漆膜表面上如针尖般细小的缺陷，即脱脂、消除漆面瑕疵，使漆面达到镜面般平滑的效果，为打蜡做好准备。抛光操作方法如图 2-15 所示。

（二）研磨抛光中常见的问题与处理

在研磨操作中，经常会出现抛光印，使漆膜受到损伤，如图 2-16 所示。

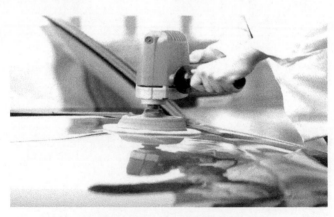

图2-15　抛光操作方法

图2-16　出现抛光印

1　出现这种现象的原因

1）漆膜未充分硬化就进行研磨抛光处理。

2）抛光机的压力太大或转速太快。

3）使用的研磨膏太粗或呈碱性，抛光剂不合适，抛光轮太脏、太粗糙。

2　预防

1）要等漆膜充分硬化后再研磨抛光。

2）使用抛光机时压力不要过大，转速要适当，不超过 1800r/min。

3）使用正确型号和细度的研磨膏、抛光剂，要保证抛光轮柔软、清洁。

3　补救方法

待漆膜完全硬化后，再重新抛光。当有严重缺陷时，可将漆膜磨平后，再重新喷漆。

（三）抛光注意事项

1）抛光前应先用脱蜡洗车液将车体表面的研磨膏清洗干净，擦干后再进行抛光操作。

2）抛光时，手上的操作幅度应大，避免小动作，操作时前两遍一般用力可较大，随后速度逐步放慢，力度逐渐减小。抛光机转速不能太快。

3）经过抛光处理的部件尽量不要再擦拭，应及时进行下一步的打蜡工序。

（四）手工上光（打蜡）

打蜡的主要作用是抑制外界有害成分对车漆的氧化，其能抵抗紫外线，并能在一定程度上提升车漆的光亮度。

用棉团或海绵块涂上适量车蜡，在车体上直线往复涂抹，不可将蜡液倒在车上乱涂或做圆圈式涂抹；一次作业要连续完成，不可涂涂停停；一般蜡层涂匀后即可用新毛巾或干棉团擦净多余的上光蜡，使漆面光亮似镜、艳丽夺目，如图 2-17 所示。

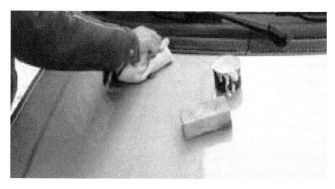

图2-17　手工打蜡

七　结语

涂料涂装的施工质量对涂料的防护效果与美观影响很大，被涂物的表面处理、施工环境、漆膜厚度等施工因素直接影响涂层的使用寿命与外观，在喷涂操作过程中要严格按照各厂家说明书的要求进行。

第三章 颜色理论与调色基础知识

17世纪末期，牛顿证明了色彩并非存在于物体本身，而是光作用的结果。把太阳光经过三棱镜折射，然后投射到白色屏幕上，就会显示出一条像彩虹一样（红、橙、黄、绿、青、蓝、紫七种颜色）美丽的光谱色带；而只要将上述可视光谱上的长短光波结合起来，又可形成白光，如图3-1所示。

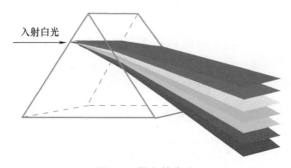

入射白光

图3-1 颜色的产生

对于调色技师来说，我们只需知道颜色是光的特性，日光是由多种不同波长的电磁波组成的，当光波投射在物体上，该物体会透射、吸收或反射不同部分的光波。当这些反射出来的不同波长的光刺激我们的眼睛时，就会在大脑中产生不同颜色的感觉。颜色就是这样来的。

大体来说，颜色可以分为无彩色和有彩色两大类。无彩色是指白色、黑色和各种深浅不同的灰色，它们可以形成一个系列，由白色逐渐到浅灰，然后到中灰，再到深灰，直到黑色，这个系列称为黑白系列，可以用一段线来表示，一端是纯白，另一端是纯黑，中间有各种过渡的灰色。有彩色是指除黑白系列以外的各种颜色，包括可见光谱中的所有色彩及具有某种色彩倾向的灰色。

颜色三属性与具体分析

尽管颜色有很多种，但纵观所有颜色，都具有 3 个共同点，即一定的色彩相貌、明亮程度和浓淡程度。我们将颜色的这 3 个共同点称为颜色的三属性或特性，分别称为色相、明度和彩度。

在调配颜色时，通过改变这 3 个要素，就可以调配出千万种颜色。颜色属性具体分析如下所述。

1 色相

色相也称色调或色别，是色彩最显著的特征，是不同色彩之间彼此相互区分的最明显的特征。色相表示一定波长的单色光的颜色相貌，能够比较确切地表示某种颜色色别的名称。如图 3-2 所示，色相由刺激人眼的光谱成分决定，随波长的变化而变化，不同波长的光给人的视觉感受是不一样的。将每一种色彩感受都赋予一个名称，如红、橙、黄、绿、青、蓝、紫，其中每一个名称都代表一类具体的色相。紫红、红、红黄等都是红色类中各个不同的色相，这 3 种颜色之间的差别就属于色相的差别。

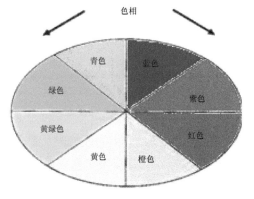

光谱

380nm 以下：紫外线（Ultraviolet）

380~450nm：紫（Violet）

450~490nm：蓝（Blue）

490~560nm：绿（Green）

560~590nm：黄（Yellow）

590~630nm：橙（Orange）

630~780nm：红（Red）

780nm 以上：红外线（Infrared）

图3-2　色相表示

例如，颜料红色的色感是 700nm 的主波长反射的结果。如在这个红色颜料中加入不同量的白、灰或黑，可得出灰艳、亮暗不同的色彩，但这些色彩仍然属于一个色相（红色）。

2 明度

明度也称为亮度、明暗度或光度。在无彩色中，明度最高的为白色，明度最低的为黑色。在有彩色中，任何一种纯度色都有自己的明度特征，一个彩色物体表面的光反射率越大，看上去就越亮，这个颜色的明度就越高。明度是表示一个物体反射光线多少的颜色属性，是人们所看到的颜色引起的视觉上明暗程度的感觉。

人眼对明暗的改变很敏感。反射光发生很小的变化，甚至小于 1% 的变化，人眼也能够感觉出来。明度随光辐射强度的变化而变化。

同一色相可以有不同的明度，如红色就有紫红、深红、浅红和粉红等之分，它们看上去有深淡的区别。不同色相也可以有不同的明度，如在太阳光光谱中，紫色明度最低，红色和绿色明度中等，黄色明度最高，所以人们感到黄色最亮。

明度一般用黑白度来表示，越接近白色，明度越高；越接近黑色，明度越低。因此，无论哪个色加上白色，都会提高混合色的明度，且加入白色越多，明度提高越大；反之，加入黑色则会降低明度，加入黑色越多，明度越低。如果加入灰色，那就要依据灰的深浅而定。明度如图 3-3 所示。

图3-3　明度

3 彩度

彩度也称为纯度或饱和度，是指颜色的鲜浊程度（直观点说就是色彩鲜艳与浑浊程度）。

彩度也是指某种颜色含该色量的饱和程度，是针对颜色的色觉强弱而言的。

当某一颜色浓淡达到饱和时，若无白色、灰色或黑色掺入其中，即呈纯色（也称正色）；若有黑、灰掺入，即过饱和色；若有白色掺入，即未饱和色（通俗地讲就是色彩浓还是淡的感觉）。

高彩度的色调加入白色会变浅，即提高明度，降低彩度。加入黑色会变深，即降低明度，同时也降低彩度。

每一色相都有不同的彩度变化，标准的颜色彩度最高（其中，红色最高，青绿色最低，其他居中），黑色、白色、灰色的彩度最低。

彩色物体颜色的彩度往往与物体的表面结构有关。如果物体表面粗糙，表面反射光呈漫反射，即在任何方向上都有白光的反射，则会在一定程度上冲淡色彩的饱和度，使颜色的彩度降低。

如果物体表面光滑，表面反射光是单向反射，这时若对着反射光观察，会由于光线亮得耀眼，使饱和度较低；而在其他方向上，由于反射光很少，颜色的彩度就较高。

那么，色漆为什么湿的时候看上去色泽鲜艳，而干了以后会变暗呢？这是因为颜料是由极细的颗粒组成的，湿的时候，颜料颗粒之间的空隙被溶剂填满，表面变得光滑，减少了光的漫反射，所以颜色的彩度就较高；色漆干了之后，溶剂已挥发，颜料颗粒显露出来，即表面变粗糙了，所以色泽就变灰暗了，颜色也就变深了。

 孟塞尔颜色表示系统

美国画家孟塞尔于 1915 年创建了用颜色立体模型方法表示的孟塞尔颜色表示系统。目前国际已广泛采用孟塞尔颜色系统作为分类和标定表面色的方法。

孟塞尔颜色体系把物体各种表面显色的三种基本属性，即色相、明度和纯度表示出来，也就是有彩色的三个要素，如图 3-4 所示。

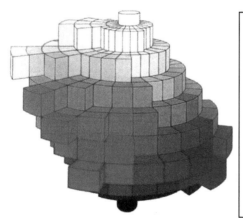

孟塞尔颜色立体，中央轴代表色彩的明度，颜色越靠近上方，明度越大；垂直于中央轴的圆平面周向代表颜色的色相；在垂直于中央轴的圆平面上，距离中央轴越近的颜色彩度越小，反之越大

图3-4　孟塞尔颜色立体

1 色相（Hue，简称 H）

色相是各种颜色与颜色之间的主要区别，如红色、白色、黄色的花朵

等；色相取决于光源的色谱组成和物体表面所反射的光波长对人眼产生的感觉。吸收全部光线的黑色、白色和由黑白调和而成的灰色称为无彩色，其他就是有彩色。

孟塞尔颜色体系在红（R）、黄（Y）、绿（G）、蓝（B）、紫（P）五种基础颜色中间插入黄红（YR）、黄绿（GY）、蓝绿（BG）、蓝紫（PB）、红紫（RP），组成十种基本色相的色相环。再把 10 色相中的每个色相再细划分为 10 等份，形成 100 个色相，将其分布于圆周的 360° 中。例如，红色（R）划分为 1R、2R、3R……10R，接着划分为 1YR、2YR……10YR；再把各色相的第五号，即 5R、5YR、5Y……5RP 作为该色相的代表色相，如图 3-5 所示。

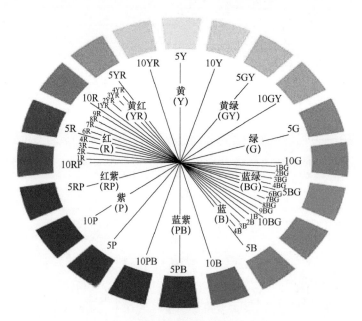

图3-5 孟塞尔颜色体系 色相

2 明度（Value，简称 V）

明度是表示物体表面反射光线数量的颜色属性，反射数量多就明亮，反之则深暗，如图 3-6 所示。

在孟塞尔系统中以中央轴代表无彩色黑白系列中性色的明度等级，黑色在底部，白色在顶部，称为孟塞尔明度值。按照视觉上等距的原则，将明度分为 0~10 共 11 个等级，理想白色定为 10，理想黑色定为 0。在 0（黑）和白（10）之间加入等明度渐变的9个灰色；对不同色相的彩色则用与它等明度的灰色来表示该颜色的明度，如图3-7所示。

图3-6　明度观察

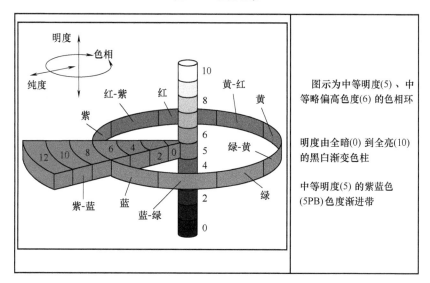

图3-7　孟塞尔颜色体系之明度

3　纯度（Chroma，简称 C）

纯度也称为彩度或饱和度，它代表颜色的纯净度。

彩度是色彩的第三个性质。我们通常使用"鲜艳"或"黯淡"这样的词语来进行描述，如图3-8所示。

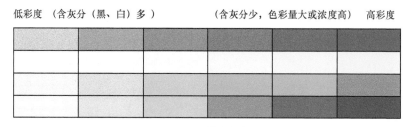

图3-8　彩度观察

在孟塞尔系统中，颜色样品离开中央轴的水平距离代表纯度的变化，离开中央轴越远，纯度数值越大。

在孟塞尔系统中把无彩色的纯度设定为0，随着灰色的减少，纯度增加，该颜色的鲜艳度渐渐增大。

纯度的数值，用2、4、6……18、20等相对数值来表示，最高的纯度值因色相的不同而不同，如图3-9所示。

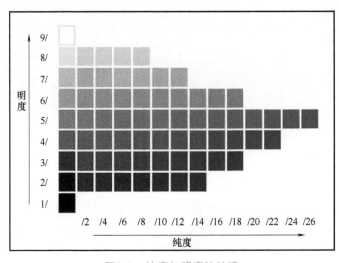

图3-9　纯度与明度的关系

调色实践中有亮色与暗色。亮色即向色调中增加白色，暗色即向色调中增加黑色。暗色的最终即为黑色，而亮色最终即是白色。技师要理解和分清楚明暗和深浅的关系。每一种颜色都存在这种关系。

三　颜色三属性之间的相互关系

颜色的色相、明度和彩度都是人在观察色彩的视觉心理，是人们的主观颜色感觉。虽然三属性分别与主波长、光强和光谱能量分布有关，但它们并不是光的物理属性，其表现形式取决于人类的视觉。

颜色的三个属性是相互独立但不能单独存在的。它们之间的变化是相互联系、相互影响的。应用时要同时考虑这三个因素。

例如，当某种颜色加入白色母可提高其明度，加入黑色母会降低其明度。但是，在颜色明度改变的同时，颜色的彩度也会变化。加入白色和黑色的量越多,彩度越低,同时色相也相应变浅或变深。红、黄、蓝、白、黑等每一种色母本身也有它自己的色相,色光偏向、明暗程度、鲜艳度均有所不同。用红、黄、蓝色系色母拼色,可调整色相、色光。用黑、白色可调整明暗程度和深浅度。用鲜艳的色母(带荧光)或增加饱和度来调整鲜艳度。调银粉漆要利用粗细搭配和控色剂、白色、白珍珠来调整正侧面。调珍珠漆要分清种类,并熟悉正侧面显色,以与主色色母搭配。

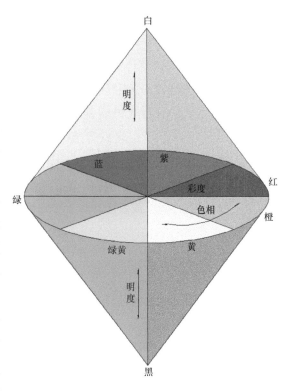

图3-10 颜色三属性之间的相互关系

颜色的色相、明度和彩度只有在亮度适中的时候才能充分体现出来。在中等亮度下,一般人眼能够分辨的色彩总数在 10000 种左右。在亮度极低的场合,色彩变成了暗色,这时很难区别色彩的色相和彩度。如果在极亮的光照下,人眼接受刺激的程度已达到了极限,使人产生了耀眼的感觉,这时将无法分辨色彩的一切属性。颜色三属性之间的相互关系如图3-10所示。

四 视觉的三大要素和具体分析

(一)视觉的三大要素

光线、物体和观察者,是产生视觉的三大要素。换而言之,这也是我们看到和分辨颜色必不可少的条件,缺一不可。

（二）具体分析介绍

1 光线

所谓光线就是指能够在人的视觉系统上引起明亮颜色感觉的电磁辐射。所以人们能借助光线看到物体的颜色。

我们把发光的物体称为光源，如太阳、白炽灯、荧光灯等。光源有自然光源与人造光源之分，太阳是自然光源中最佳的光源，这是因为太阳光中含有不同波长的光，并且光谱能量的分布比较均衡。而白炽灯、荧光灯是人造光源，白炽灯主要含有红色的光线，属于较温暖的光线。而荧光灯主要含有蓝色的光线，属于较冷的光线。由于日光有不同的时相，人造光源有不同的色温和显色指数，所以同一颜色在不同的光源下观察的结果也是不同的。在日出后 3h 与日落前 3h 间，色温变化不大，光谱成分齐全，是观察颜色、分析颜色的最佳时机。

2 物体

物体是观察的对象，我们周围的物体可分为两大类：一类物体本身是发光体，即光源，如太阳；另一类物体在一般状态下不发光，只是在一定程度上吸收和反射来自光源的光线，日常所见的物体大部分属于这一类。物体中通常含有颜料，颜料会有选择性地反射一部分光线，吸收其他的光线。被反射的光线就决定了该物体的颜色。

在汽车修补漆调配过程中，物体应能提供尽可能准确的颜色信息，因此物体表面应洁净，避免漆面老化、变色和污染。比色背景应以淡色调为主，避免太艳、太深，避免反色。

3 观察者

如果光是产生颜色感觉的物理基础，那么眼睛的视觉特性则是产生颜色感觉的生理基础，前面提到的物体的反射光线刺激人的眼睛引起视神经兴奋，并传至中枢神经而产生颜色的感觉，使生理和心理状态出现不同的颜色知觉。

人眼的视觉机理曾经有过多种学说，现在人们普遍所接受的是三原色视觉学说。该学说认为，在人类眼睛内的视网膜上存在着三种视神经细胞，即感红、感绿和感蓝的视觉细胞，每种视觉细胞的兴奋都可以引起相关色的感觉。

正常人能够分辨出各种颜色，并可以用红、绿、蓝三原色光混合配出光谱上的各种颜色。有的人虽能用三原色配出光谱的各种颜色，但对某些颜色的辨别能力较差，这种人称为色弱或色盲。

对红色、绿色、蓝色分辨困难者，分别称为红色盲、绿色盲、蓝色盲。有的人只对明度有感觉而对色相、彩度没感觉，称为全色盲。

年龄的增长、眼睛的倦怠与病痛会影响人的色感，有色觉缺陷的人不能正确分辨颜色，所以不宜从事调色与测色工作。

五　三原色知识

（一）什么是三原色

从投照光混合的实验中可知：红、黄、青（蓝）三种色光不能用其他颜色色光的混合调配得到，它们相拼可形成几乎所有的颜色，这三种色光即三原色。涂料显色的三原色为红、黄、蓝，如图 3-11 所示。

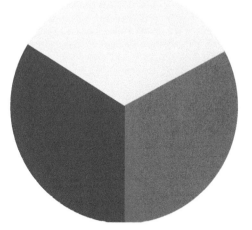

图3-11　三原色（红、黄、蓝）

（二）调色拼色规律

1　间色

由两种原色混合所得的颜色称为间色（二次色），如橙、绿、紫，如图 3-12 所示。

我们把各种颜色均看成是红、黄、蓝三种颜色的涂料相互拼配而得到的，红色与黄色二基色按一定比例拼配得到橙色（实际中所应用的涂料，其着色力可能很不相同，所以比例不定）；红色和蓝色按一定比例拼配得到紫色；蓝色和黄色按一定比例拼配得到绿色。

红色和橙色相互拼配或红色与黄色相互拼配时，红多黄少得到橙红，红少黄多得到橙黄。

蓝色与紫色或蓝色与红色相互拼配时，蓝多红少得到青莲，红多蓝少得到紫红。

蓝色与绿色或蓝色与黄色相互拼配时，蓝多黄少得到湖蓝（蓝绿），黄多蓝少得到湖绿（黄绿）。

上述这些由两种基本色相拼得到的颜色称为二次色，也叫间色。

红＋黄——橙

黄＋蓝——绿

红＋蓝——紫

红、黄、蓝按一定比例相混合可得到黑。

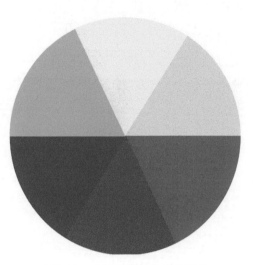

图3-12 由红黄蓝叠加产生间色（如橙、绿、紫）

2 复色（三次色）

间色与间色或间色与原色混合所得的颜色叫复色（三次色）。一个间色含有两个基本色相，也可以这样说，复色（三次色）是由红、黄、蓝三种基本色相相互拼配而得到的各种颜色。红、黄、蓝三基色"等量"拼配得到黑色。

黑色可以认为是三次色中的一个特例，而其他三次色都可以看成是间色（二次色）与或多或少的黑色相互拼配而得到的。间色（二次色）与适量的黑色拼配可以得到灰色、米色、咖啡色等三次色。但在实际调色中，常采用黑色着色剂。调色时要掌握复色的性质，避免多种颜色的混合，尤其是要避免补色相加。图3-13所示为复色。

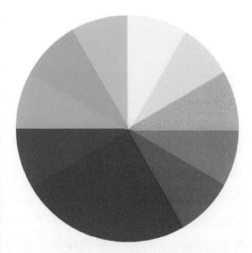

图3-13 由红、黄、蓝、橙、绿、紫混合产生黄橙、红橙、红紫、蓝紫、黄紫等复色

3 补色

补色是一个奇特的色彩，当把它们并置在一起时，它们都以最大程度突出对方的鲜艳，但将它们相互混合时，色彩便从极度鲜艳变成灰黑色。补色现象是色彩混合的特殊效应，两个原色可以调成一个间色，该间色与另一个原色则互为补色。也就是说这一间色包含了另外两个原色，因此，一对补色总是包含三原色，同时也就包含了全部色相。例如：

红与绿互为补色 = 红与黄 + 蓝

蓝与橙互为补色 = 蓝与黄 + 红

黄与紫为互补色 = 黄与红 + 蓝

补色相混、三原色相混都将产生中性灰色或黑色，如图 3-14 所示。

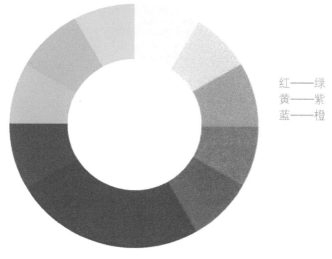

红——绿
黄——紫
蓝——橙

图3-14　补色

4 消色

在三原色和复色中加入一定量的白色，可调配出粉红、浅红、浅蓝、浅天蓝、淡蓝、浅黄、奶黄、牙黄等深浅不一的多种浅淡颜色。

如果加入黑色，则可调配出棕色、灰色、褐色、黑绿等明度和色调不同的多种颜色。

黑色与白色属于无彩色类，调色时由于白色或黑色的掺入可明显地降低颜色的彩度和明度，使原颜色的色调减弱、改变甚至消失，如对紫色加入等量的黑色，则紫色的色调就会完全消失而变为黑色。因此，将白色和黑色称为消色，通常在颜色转向调整时使用。

在色彩调配过程中合理地使用消色，可以对颜色的色调、明度起到矫正与调节的作用。

 配色的三原则

对比两种色彩时，只有当其色相、明度和彩度（饱和度）三者都相同时，这两种颜色才相同，其中一个特性不同，这两种色彩也不能称为相同。

1 调整色相（色调、名称）

将红、黄、蓝三种颜色按一定比例混合，可获得不同的中间色，中间色与中间色混合，或中间色与三原色中的一种混合，又可得到复色。可以通过颜色的拼色来改变颜色的色相。

2 调整明度（深浅度、明暗度）

在显色的基础上，加入白色将原来的颜色冲淡，就可以得到饱和度不同的彩色（即深浅不同的颜色）；加入不等量的黑色，就可以得到明度不同的各种颜色。如在大红中加入白色得到浅红、粉红；将铁红加黑色得到紫棕色；白色加黑色得到不同的灰色。

3 调整彩度（饱和度、鲜艳度）

在显色的基础上，加入不等量的原色可以获得不同彩度的色相。如在浅红中加入不等量的红色得到大红、深红，在浅黄中加入不等量的黄色可得到中黄、大黄、深黄。

将上述配色原则组合应用，即可在某一颜色的基础上改变其色相、明度和彩度，就可以调配出各种颜色。

 调色基本步骤和方法

涂料的显色是相减成色（反射光成色），较光源色的相加成色复杂，加之颜料的色相、明度、饱和度指标不同，着色力、浮色程度也不同，因此调色操作是一个复杂的过程，要求少加多看，不可盲目急躁。

（一）调色注意事项

具体来说，遵循以下方法就能避免色母材料与环境方面等造成的色差，满足色母与调色方面的质量要求，达到较好的调色效果。

1）每天上午、下午开始调漆时，必须搅拌 15min 方可配漆。

2）更换任何色母必须先用调漆尺彻底搅拌均匀，方可放置在搅拌机上搅拌。

3）任何手工微调都应尽可能选用配方上指定的或已加入的色母，色母加入越多，颜色越浑浊。

4）个别银粉漆、珍珠漆微调难度较大，建议使用驳口工序，以免浪费时间。

5）尽可能在白天光线充足之处调色，在不同角度下比色，但要避免阳光直射。

6）要有选择正确色母的观念，尽量选择与样板接近的色母来调配。

7）要对颜料与调和树脂有正确的比例观念，不能随便添加或减少，切记树脂多了会使遮盖力变差。

（二）调色步骤与方法

1）首先了解欲配制标准颜色样板的色相范围，例如，是由哪几种色母组成的，哪种是主色，哪种是副色，色与色之间关系如何，各占多大比例，做到心中有数。例如：

① 红色有偏黄的红（橙红）与偏蓝紫的红（紫红），如图 3-15 所示。

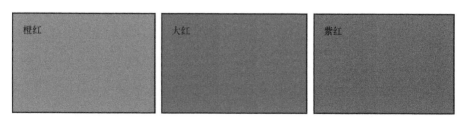

图3-15　橙红、大红和紫红

在调配橙红色时，可选用以大红为主加少量的中黄；也可选择以橙黄为主加少量大红（当然，可以直接使用橙红色母，此为调色思路，下同）。

在调配紫红色时，可选用大红加白色母，不够紫红时再加少量蓝色母。注意，红色加白色母与加黑色母都会朝"紫"的方向发展，同时变浅或变深。

② 黄色，有偏青的黄（青黄）和偏红的黄（橙黄），如图3-16所示。

图3-16　青黄、中黄和橙黄

调橙黄可选用以中黄为主色，加入橙黄或铁红等红色母为副色，加少量黑、白色母调整深浅。

调青黄可选用柠黄等青口黄为主色母，加入少量的中黄（中黄带红光），再加入少量的黑、白色母调整深浅。

③ 蓝色有偏青绿的蓝（青蓝）与偏红紫的蓝（群青），如图3-17所示。

图3-17　青蓝、标准蓝和群青

调配青蓝色可选用标准蓝加白色母（先调浅），再加入少量的青口黄色母调色相（变绿相）。

调配偏红的蓝色时，可选用标准蓝或群青加少量的紫红色母，同时可加黑、白色母调整深浅。

2）在有效搅拌下，缓缓加入各个色母，本着先调深浅、后调色相的原则细心调配，最好不要先调色相，因为深浅不一致时色相很难比较。

3）调色要点。

① 调配时，本着"先调深浅，后调色相"的原则，先加入主色母再加入副色母的方法细心调配，同时要搅拌均匀。每次加料应比估计量少些，特别是接近所要求的颜色时更要仔细控制加入量，避免颜色过头（详见第四章调色实例）。

② 调色时要注意各种色母颜色之间的相生相克（红＋黄＝橙，红＋蓝＝紫，黄＋蓝＝绿，此为相生；偏红加绿，偏黄加蓝，少红偏绿，少黄偏蓝，此为相克）。

③ 在保证颜色符合要求的前提下，所使用的色母品种应尽量少，油漆涂膜成色的原理是相减混合成色，加入的颜色品种越多，吸收的光量越多，颜色的明度越低，色彩越晦暗。

④ 从湿膜到漆膜基本定膜的过程中，颜料的上浮和下沉对涂膜的影响较大，所以制板后，必须放置几分钟后才能观察涂膜颜色。

4）对色要点。

① 对色时，由于标准板放置的时间较长，颜色会显得晦暗，与漆样涂膜对比时宜将标准板用清水浸湿后再行比色。

② 用所调的色漆样板与原车颜色标准板比色时应左右、上下、平立反复对比，避免人为的视觉误差，特别是光线较暗时调深色；辨别是应加蓝还是应加黑时（饱和度不够时加蓝，不够深时加黑），更应认真仔细摸索出辨别的依据。

③ 观察涂膜时一定要选择明亮处的漫射日光（不能阳光直射），并注意比色场所周围没有强烈的物体颜色光反射干扰（反色）。

5）颜色修正。根据色漆颜色与原车样板颜色对比时的颜色偏向，按调色技巧与方法进行修正。

八　观察颜色的方法

（一）素色漆

素色漆（纯色面漆）的变化不大，调出来后，可用白纸片样板与色板观察比较，如图 3-18 所示。

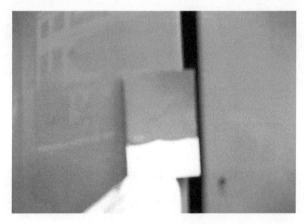

图3-18　素色漆

（二）金属漆

金属漆正面侧面都要调，对色方法有以下几种。

1）用调漆尺搅拌时迅速提起比较，如图 3-19 所示。

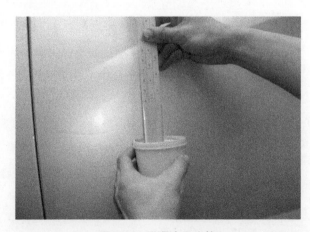

图3-19　用调漆尺比较

2）可将漆点于车身后对色。用手指头蘸一点油漆点于车身较隐蔽处，看颜色是否与车身一致。

3）用喷涂法，喷涂法的准确度最高，但操作较复杂（详见第四章"十三、调漆样板的制作方法"）。

（三）什么是正面对色？什么是侧面对色？

正面对色是指目光以 90° 正角正视色板，主要是对准面色调，如图 3-20a 所示。侧面对色是指目光斜视色板，以 45° 侧角和 110° 角来对色，主要是对准底色调，如图 3-20b 所示。

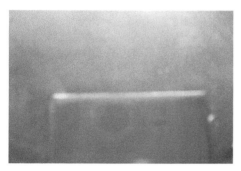

a）正面对色　　　　　　　　　b）侧面对色

图3-20　正面对色和侧面对色

（四）调色中比色注意事项

1）以在自然光下比色为最终标准。

2）两者面积不宜差异过大，特别是一方面积不宜过小，最小面积应不小于 5cm×5cm（用刮灰钢片很合适）。

3）两者观察角度一致，放置平面一致。

4）不宜用曲面比较。

5）尽量在无色彩环境中比色，有条件的用中性灰环境（避免周围环境反色）。

6）注意两者光泽的差异、磨伤程度和清洁度的影响，必要时清洁表面后进行抛光处理。

结语

在涂装技术领域中，最困难、最关键的一环就是调色。学好调色技术的关键在于对涂料色母有深刻的了解，如色母的混合性、遮盖力、质量分数、耐候性、透明度等特性。不仅要调出正确的颜色，同时在最短的时间内调出最适当的量越好。掌握色漆调色技术，是一个边实践、边体会、边总结，逐步提高的过程。

第四章 手工调色方法与技巧

一 **调色之前的准备工作**

（一）确定比色样板

因为有的汽车原厂漆已褪色，有的汽车已喷过其他的颜色；在确定修补部位的颜色样板之前，一定要清洗、抛光，去除汽车旧面漆上的粉尘和氧化层，最好将样板色与汽车本身的颜色对比一下，找到比较统一的颜色作为调色样板，或根据驾驶人要求指定汽车的某部位作为调色样板。

（二）确定汽车漆面属性的方法

确定汽车漆面属性时，根据属性选用 1K 或 2K 色母。

1. 属性测定方法

1）目测法。根据漆面光泽亮度确定是单工序还是双工序。金属漆都是双工序工艺，白珍珠色是三工序工艺。双工序因为喷了清漆，漆面显得光亮丰满。单工序选用 2K 色母；双工序选用 1K 色母。

2）如果用目测法不能确定，则将粘有稀释剂的白布拧成 S 形摩擦漆膜，观察漆膜的溶解程度。如果漆膜溶解并在布上留下印迹，则是单工序 2K 漆；如果没有溶解，则是双工序双组分漆，选用 1K 色母。或者用砂纸轻轻打磨，在砂纸上留下漆膜颜色的是单工序 2K 漆；没有就是双工序双组分漆。

2. 素色漆、银粉漆、珍珠漆的区分

1）素色漆不含金属颜料，与银粉漆、珍珠漆相对比，一看便可区分出来。

2）银粉漆是白色的薄片，比珍珠漆的颗粒要粗，金属感强。

3）珍珠漆比银粉漆鲜艳，有多种颜色，而银粉漆只有颗粒粗细的区别，以及普通银、闪银的变化。

二 色母走向分析介绍与常用色母色相图片分析

（一）色母走向分析

进口与国内各厂家生产的色母的名称会有些差异，色母走向也会有些差异，经过与 PPG、杜邦、盈通、实创等厂家色母走向分析图的比较，表 4-1 所介绍的色母走向分析具有普遍性。但是在调配颜色时应根据所使用色母厂家的色母走向分析图调配。

表4-1　色母走向分析

	名 称	色母特性	名 称	色母特性
1K素色母走向分析	国际黑	深黑底棕，带黄红色相，高浓度	柠檬黄	绿相黄色，正面黄，侧面带绿
	蓝相黑	为深蓝黑表现，侧面蓝相	棕红	正、侧面红黄，用于调珍珠银粉色
	通蓝	标准蓝色，正、侧面偏红，遮盖力强	棕黄	正、侧面浅黄，用于调珍珠银粉色
	发红蓝（红口）	正面蓝，侧面偏红，遮盖力强	透明红	正、侧面红相，透明度高
	艳蓝（鲜蓝）	蓝色母带绿相，正面鲜蓝带绿，侧面呈红	栗红	正、侧面呈红黄，透明度高
	紫蓝	正面深蓝，侧面呈红带紫色	酱红	金黄色表现，侧面较红棕
	绿相蓝	正侧面绿相的蓝色母	玫瑰红	亮紫红色，正面紫红，侧面紫蓝
	标准蓝（透明蓝）	正面绿，侧面带红，透明度高	深红	正面深红稍带蓝紫，侧面蓝紫，遮盖力低
	霜雪蓝（超幼白、宝石白）	半透明，正面黄，侧面蓝	紫红	正面紫红，侧面蓝紫
	透明黄	高度透明，正面带金黄，侧面带黄绿	鲜红	黄相红色，正面鲜艳红色，侧面带黄
	通绿	半透明，侧面带黄	白色	高遮盖力，使银粉正面变浑，侧面变浅
	黄相绿	为草绿表现，侧面呈黄绿	纯紫	带红蓝相紫色母
	纯白	高遮盖力，可与任何一种颜色调和	深红	深红略带蓝相，表现为紫，呈蓝黑色光

（续）

名　称	色母特性	名　称	色母特性
纯黑	主要色调，侧面带黄相，适合任何色系	玫瑰红	正面紫红，侧面带蓝
蓝相特黑	高黑度，侧面蓝相	铁红	较暗，带黄相红色母
土黄	正侧面带黑、黄，色调较暗，透明度低	透明红	透明度高，标准红色
中黄	高遮盖力，红相黄色母，偏红光	纯蓝	半透明，蓝色母略带绿相，适合于任何蓝色系
艳黄	鲜艳透明，带绿相黄色母	发红蓝	透明，正面蓝，侧面带红
柠黄	高遮盖力，绿相黄色母	紫蓝	正面紫蓝，侧面带蓝黑
橙黄	黄中带红，高遮盖力	标准蓝	透明，标准蓝色，带红光
橙红	正面红，侧面黄，带黄相橘红色母，高遮盖力	纯绿（通绿）	带蓝色绿色母
鲜红	鲜艳红色，略带黄相	艳绿（黄绿）	黄相绿色母，正面鲜绿，彩度高，侧面黄相
大红	标准红色，略带黄	纯紫	偏红相的蓝色母，透明
紫红	正面紫红，侧面稍带蓝黑，红蓝相紫色母	1K银粉控制剂	透明树脂，使银粉侧面变浅

（1K素色母走向分析）

（二）1K 银粉色母走向分析（表 4-2）

表4-2　1K银粉色母走向分析

名　称	色母特性	名　称	色母特性
粗银	正面白，侧面深，偏黄	中闪银	正面颗粒闪，侧面微黄
中粗银	正面白，侧面带灰黑	中粗闪银	正面颗粒闪，侧面微黄
中银	正面白，侧面带灰黑	幼闪银	正面微黑，侧面白
细银	正面白，侧面灰白	白闪银	正面白，侧面白
幼银	正面闪光较弱，侧面灰白	细白闪银	正面白，侧面灰白
特粗银	正面表现强烈，微黄，侧面带黑	特幼银	正面闪光较弱，侧面灰白

注：银粉粗细对颜色有影响，一般银粉正面白，侧面偏灰蓝色调。银粉越粗，正面颜色越闪越亮，侧面越暗；反之侧面偏白。

（三）1K 珍珠色母走向分析（表 4-3）

表4-3　1K珍珠色母走向分析

名　称	色母特性	名　称	色母特性
珍珠白	正面白，侧面偏黄，半透明	古铜珍珠	正、侧面呈黄红色，不透明，金属感强
珍珠红	正面红，侧面呈红黄，不透明	粗珍珠白	正面白，侧面偏黄，半透明
珍珠蓝	正面浅蓝，侧面浅米黄，半透明	细白珍珠	正面白，侧面白，微黄
珍珠金	正侧面金黄色，不透明	细红珍珠	正面红，侧面呈红黄，不透明
珍珠绿	正面浅绿，侧面红黄，半透明	细蓝珍珠	正面浅蓝，侧面浅黄
黄珍珠	正面浅黄，侧面浅白，半透明	细绿珍珠	正面浅绿，侧面红黄，半透明
紫珍珠	正面浅紫红，侧面黄绿，半透明	干涉红珍珠	正面红，侧面黄绿，半透明

（四）2K 常用素色色母色相图（表 4-4）

表4-4　2K常用素色色母色相图

色　母	相　图	色　母	相　图
玫瑰红 不透明		纯蓝 带绿相	
透明红 透明度 高，侧面略蓝		铁红 带黄相，较 暗辅助色母	
橙红 遮盖力 好，不透明		紫红 调深红色漆	
深紫红 最蓝的 红，半透明		蓝相特黑， 高黑度，侧面 蓝相	
橙黄 偏红光		艳绿 黄相绿色	
柠檬黄 绿相		大红 调鲜艳红色 漆	
中黄 耐候性好		艳红 标准红色	

（续）

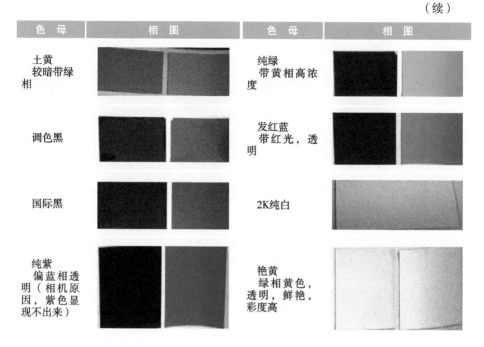

色 母	相 图	色 母	相 图
土黄 较暗带绿相		纯绿 带黄相高浓度	
调色黑		发红蓝 带红光，透明	
国际黑		2K纯白	
纯紫 偏蓝相透明（相机原因，紫色显现不出来）		艳黄 绿相黄色，透明，鲜艳，彩度高	

（五）1K常用素色色母色相图（表4-5）

表4-5　1K常用素色色母色相图

色 母	色 相		
	原色与中闪银1:1	侧 面	正 面
石墨黑 用于全喷车			
国际黑 带蓝相			
橄榄绿 正面金黄，侧面青绿			
霜雪蓝 透明，正面黄白，侧面蓝白			
栗红 黄相红色，透明			
透明红 透明度高，带蓝相			

（续）

色母	色相		
	原色与中闪银1∶1	侧　面	正　面
富贵红 高艳度，常用于天龙、豪沃、斯泰尔银等			
发红蓝 高透明度			
艳黄 调配带黄绿相珍珠漆			
棕红 主要用于红棕灰色银粉漆			
黄相绿 高透明度偏黄相			
有机蓝 透明，正面红，侧面蓝			
鲜红 调鲜艳红色金属漆，半透明			
紫红 蓝相，多用于红色珍珠漆			
群青 鲜艳，透明度高，正侧面皆红			
纯黑 黄相黑，高浓度			
纯白 高遮盖力，在金属漆中用量不宜超2%			
中黄 较暗，辅助用			
紫蓝 红光蓝			

（续）

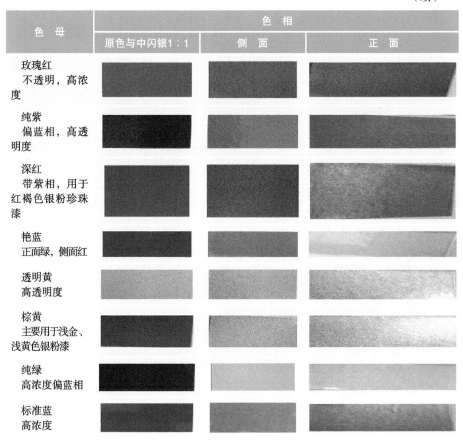

色 母	色 相		
	原色与中闪银1:1	侧 面	正 面
玫瑰红 不透明，高浓度			
纯紫 偏蓝相，高透明度			
深红 带紫相，用于红褐色银粉珍珠漆			
艳蓝 正面绿，侧面红			
透明黄 高透明度			
棕黄 主要用于浅金、浅黄色银粉漆			
纯绿 高浓度偏蓝相			
标准蓝 高浓度			

（六）部分 1K 银粉色母色相图（表 4-6）

表4-6　部分1K银粉色母色相图

色 母	色 相		
	正 面	侧 面	银粉与标准蓝1:1色相
幼银 较灰暗			
中白银 丰田、本田、现代、别克等银色车用			
亮闪银 银元型亮白银，正侧面皆白			

（续）

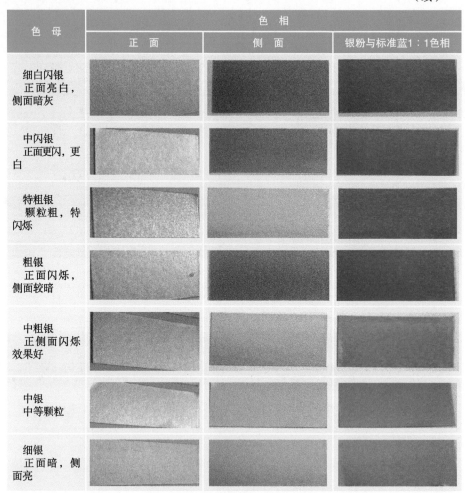

色母	色相		
	正面	侧面	银粉与标准蓝1：1色相
细白闪银 正面亮白，侧面暗灰			
中闪银 正面更闪，更白			
特粗银 颗粒粗，特闪烁			
粗银 正面闪烁，侧面较暗			
中粗银 正侧面闪烁效果好			
中银 中等颗粒			
细银 正面暗，侧面亮			

（七）部分 1K 珍珠色母色相图（表 4-7）

表4-7　部分1K珍珠色母色相图

色母	色相		色母	色相	
	正面	侧面		正面	侧面
蓝绿珍珠 正面蓝绿，侧面黄绿			黄珍珠 正面浅黄，侧面浅白		
特白珍珠 白度极高，半透明			珍珠白 正面白，侧面偏黄，半透明		

（续）

色 母	色 相		色 母	色 相	
	正 面	侧 面		正 面	侧 面
干涉红珍珠 正面红黄，侧面绿，半透明			细紫珍珠 正面紫，侧面黄绿，半透明		
细绿珍珠 正面绿，侧面红黄，半透明			珍珠绿 正面绿红，侧面黄，半透明		
细蓝珍珠 正面蓝，侧面土黄，半透明			珍珠蓝 正面蓝，侧面浅黄，半透明，多用于调蓝黑色		
细红珍珠 正侧面皆红，半透明			古铜珍珠 正侧面皆黄红，不透明		
细白珍珠 正侧面皆白，半透明			粗珍珠白 正面白，侧面偏黄，半透明		
珍珠金 不透明，正侧面皆金黄，多用于调金色、红色			珍珠红 正侧面皆红，不透明，调褐红闪光漆		

（八）杜邦先达利常用色母特性

杜邦先达利色母是通用高浓色母，不分 1K 和 2K，通常是先加调和树脂再进行调漆。如果颜色调好后再加树脂，会因为油漆的浓度不同而发生颜色变化。

AM1 白色：主要是调双工序白漆和三工序白珍珠的底色时使用。

AM2 透明白：浓度比 AM1 低。

AM3 霜雪蓝：加到金属漆里，正面往黄色走，侧面变浅和蓝，非常透明。

AM5 蓝相黑：高浓度的黑色母，主要用来调颜色的深浅。

AM6 黑色：黄相黑。

AM7 透明黑：低浓度黄相黑。

AM8 石墨片：特殊用途色母，石墨颜料又叫碳晶体颜料，暗灰色光泽，在阳光下可以看到有小颗粒。遮盖力差，加到金属漆和珍珠漆内，可以达到颗粒站立、变大的效果，同时油漆侧面不会变深。

AM20 紫色：分蓝相紫色和红相紫色，通常使用的都是蓝相紫色。它的彩度值相对比较低，在调蓝色漆时经常用到。

AM21 发红蓝：正面和侧面都偏红相，彩度低。常用于调偏蓝相的浅银粉漆和蓝色漆侧面特别红的颜色。通常用发红蓝的时候，紫色和紫红就会相应用得少些，所以调出的蓝色漆彩度都比较高。

AM25 透明蓝：主要用于素色漆。

AM26 靖蓝：正面绿、侧面红，正侧面差异极大，彩度值高。用来调蓝珍珠或蓝金属漆时可以达到正侧面不一致的效果，给人以变色龙的感觉。

AM27 湖水蓝：正面和侧面都是绿的，彩度较低。

AM28 标准蓝：绿相标准蓝的走向与湖水蓝比较接近，侧面要比湖水蓝稍红和清澈一些，浓度要高些。

AM29 标准蓝：红相标准蓝的走向与靖蓝比较接近，侧面比靖蓝深一些，浓度要高些。

AM30 蓝相绿：绿色蓝相，是调绿金属漆和绿珍珠漆用作主色的色母。加这个色母时侧面会越加越浅。

AM31 低浓绿：蓝相绿用树脂按一定比例稀释后的色母，用于微调。

AM32 黄相绿：绿色偏黄相。

AM33 青铜：加入银粉漆中，正面金黄，侧面黄绿。与霜雪蓝一样，是特殊用途的色母。

AM34 绿色：蓝相绿，素色漆使用。

AM41 淡黄：偏绿色相，特别浅的黄色，彩度值高。

AM42 光黄：素色漆使用，颜色鲜艳。绿色相的黄色。

AM43 浅黄：绿相黄，彩度值高。

AM44 橙黄：素色漆使用，比光黄稍稍红些，也是绿色相的黄色，相当于中黄或金属漆的琥珀黄的颜色。用于实色漆时较多。

AM45 深黄：颜色比其他的黄颜色深一些，偏红一些。在调金属漆时，正面变得红黄些、侧面却偏绿黄时使用；是正侧面异色的特殊用途色母，在调出租车金黄时用得很多。

AM46 橘黄：也是调出租车金黄的主要色母。

AM50 大红：不透明色母，彩度值高。它的主要用途有两种：一是用作单工序实色漆的主色——红色。二是用来调配双工序的素色红漆，也是用作主色。

AM51 橙色：不透明色母，主要用于素色漆的调配，金属漆中用量会很少，走色快。

AM52 亮橙：比橙色彩度值高。

AM53 橙红：比橙色红一些，彩度较高。调单工序实色漆时和调双工序的红色时用作主色。用在红色银粉或珍珠时，会使金属漆正面颜色变浑浊，侧面变浅，颗粒变小。

AM55 栗红：调红珍珠最常用到的色母。

AM62 鲜红：金属漆中的鲜红，与大红比较起来偏紫红一些，也要深一些。通常在调红色珍珠漆时会使侧面变浅红，作为主色时在调双工序素色红漆使用较多。

AM63 紫红：实色漆时使用。

AM64 粉红：偏蓝相的红色，彩度值很高。通常调素色漆的红色和调红珍珠漆时经常用到。

AM66 紫红：红色偏蓝相色母，彩度值一般。在调素色红和红珍珠时都是经常用到的色母，而且很多时候都是用作主色。在杜邦的品牌里，深紫红与紫红差别较大，紫红要比深紫红浅一些。

AM81 泥黄：又叫土黄，不透明色母，彩度值低，主要在调白漆时使用。注意：金属漆一般不宜加入不透明色母，否则会使银粉漆颗粒变小，在阳光下变得没有闪烁感。即使用到，也是少量。

AM82 透明泥黄：低浓度的泥黄，特性与泥黄一致，微调时使用。

AM84 泥红：调素色漆使用，金属漆里添加量很少，即使加入一点点，颜色也会变化很快。

AM85 光褐红：彩度最高的红褐色，这是调红珍珠最常用到的色母。与红珍珠混合时，正面金红色，非常鲜艳，彩度值高。

AM86 鲜红偏深：与鲜红比较起来偏黄一些，深一些。通常在调红珍珠时使侧面变浅红中带黄。

AM87 深紫红：实色漆时使用。

AM90 铁黄：又叫透明氧化铁黄。加在金属漆中正面变黄，侧面变深、变绿。调黄色金属漆经常用到的色母。

AM91 铁红：透明氧化铁红。加入金属漆中，使正面颜色变黄，侧面颜色变红黄。它的彩度值低，在调米银灰和棕红色漆时经常用到。

AM93 咖色：咖啡的颜色，偏红、偏黄、偏深。在调棕色漆时使用，或者在调漆过程中需要红中带黄同时上黑的情况下添加。

AM96 红口蓝：主要在素色漆使用。

AM10 细银：又叫幼银，属于标准型银粉。它的特点是正面深、侧面浅，颗粒最小。调漆前先按配方比例添加树脂，否则银粉看上去都会很白，而加了树脂以后又会变深。

AM12 中银：中颗粒银粉，正面要比细银白一些，侧面深一些。

AM13 中粗银：中银偏粗一些。

AM14 粗银：标准型银粉，大颗粒、不发花。

AM16 灰银：此银粉与中银颗粒大小相同，特殊之处是正面比较黑，而且偏黄，同时侧面浅、白。

AM17 闪银：抛光型银粉，很常用，颗粒大小和中银差不多。闪银比标准型银粉颗粒大小相同的情况下正面白一些，侧面深一些，在阳光下闪一些。

AM94 特粗银：标准型银粉中最粗的一种银粉。

AM95 中闪银：抛光型银粉中的常规性银粉。这个也比较常用，就是中粗银的颗粒大小。

AM97 元宝细银：抛光型银粉中的另一种类别。颗粒大小与细闪银一样。它的形状是银元形的，特点是正面比传统抛光银白，侧面比传统抛光银发黑。

AM98 元宝粗银：颗粒大小与中闪银差不多。

AM72 红珍珠：正面红，侧面红，遮盖力强。

AM721 细红珍珠：着色珍珠范畴。特点与红珍珠一致，颗粒小。

AM724 干涉红珍珠：干涉珍珠。特点是正面红色，比红珍珠粉红一些，像胭脂的颜色。侧面是黄相偏绿透明的，遮盖力弱。

AM725 水晶红珍珠：特点与红珍珠一致，不同的地方就是更加闪烁。

AM728 红绿珍珠：特点是正面绿、侧面红。它与干涉珍珠不一样，侧面颜色是不透明的。

AM73 白珍珠：珍珠漆的范畴。白珍珠的特点是不属于着色珍珠也不属于干涉珍珠。

AM731 特细白珍珠：珍珠漆的范畴。它的特点和白珍珠一样，是颗粒最小的一种。白珍珠和颜色色母混合后在阳光下会反射出五颜六色的光。注意它与其他类型珍珠混合后的微小区别。

AM732 细白珍珠：珍珠漆的范畴。它的特点和白珍珠一样，是中粒的。

AM735 水晶白珍珠：特点与白珍珠一致，不同的是正侧面都比普通白珍珠更白，更通透。现在新出的中高端以上车型的三工序白珍珠漆大多采用水晶白珍珠。

AM74 蓝珍珠：干扰型珍珠。蓝珍珠的特点是正面蓝，侧面是蓝珍珠的对立色，偏黄红的透明颜色，遮盖力弱。

AM741 细蓝珍珠：干涉蓝珍珠范畴，特点是正面蓝，侧面黄。它的走向与干涉蓝珍珠一样，就是颗粒小些。

AM745 水晶蓝珍珠：特点与蓝珍珠一致，不同点是更加闪烁。

AM75 绿珍珠：干涉珍珠，特点是正面绿，侧面红黄。透明，遮盖力弱。

AM755 水晶绿珍珠：特点与绿珍珠一致，不同点是更加闪烁。

AM756 蓝绿珍珠：着色珍珠范畴，特点是正面蓝绿，侧面蓝绿。

AM76 金珍珠：干涉型珍珠，特点是正面金黄，侧面蓝白，遮盖力弱。

AM765 水晶金珍珠：特点与干涉金珍珠一致，不同点是更加闪烁。

AM77 红铜珍珠：着色珍珠范畴，特点是正面红黄，侧面红黄。它在调红珍珠和棕色珍珠的时候经常会用到。

AM775 水晶红铜珍珠：与红铜珍珠一致，就是更加闪烁。

AM78 闪烁金：属于着色银粉的类别，既有银粉的特点又有珍珠的特点。遮盖力好，正面黄色，侧面深且偏绿。

AM79 紫珍珠：干涉型珍珠，特点是正面紫，侧面黄，有些偏绿而且透明，遮盖力弱。

4530S 控色剂：正侧面银粉控制剂，它的作用是使银粉站立，给人感觉正面变深，侧面颜色变浅，同时颗粒变大一些。

表 4-8 是一些常见车型的颜色配方组合。由于国产漆品牌较多，配色各有差异，比例只能用来参考，按配方称量出来后颜色不一定会相同，但是可以从中揣摸配方组合的方法。

表4-8 常见车型的颜色配方组合

车型颜色配方	颜色示例	车型颜色配方	颜色示例
现代银 中银60，闪银25，金珠8，棕黄1.5，纯白3，控色剂2.5		**丰田卡罗拉银** 细银65，中银25，金珠6，纯白2，控色剂2	
凯越白银 中银23，闪银70，棕黄1，透明蓝1.8，控色剂4		**捷达银L97A** 中银75，闪银20，金珠2，棕黄1，纯白2	
五菱白银 中银80，棕黄9.8，金珠10，1K白0.2		**奥迪银A6** 细银98，金珠0.5，棕黄0.5，1K白0.8，控色剂0.2	
丰田墨绿珍珠 绿珍珠40，蓝珍珠15，黑35，青口蓝7，纯绿2，1K纯白0.2		**三菱墨绿** 细银20，黑40，纯绿10，青口蓝15，发红蓝15，1K纯白0.2	
长安之星蓝珍珠 中银20，白珍珠20，蓝珍珠15，黑20，发红蓝10，纯蓝10，纯紫5，纯白0.1		**福特福克斯** 中银20，紫珍珠8，蓝珍珠8，黑20，湖水蓝20，纯紫15，紫红5，1K白1，控色剂3	
捷达红 大红46，紫红50，大白1.5，透明黑2.5		**现代乌木黑** 黑80，白珍珠10，蓝珍珠5，纯蓝2，紫红3，纯白0.2	

（续）

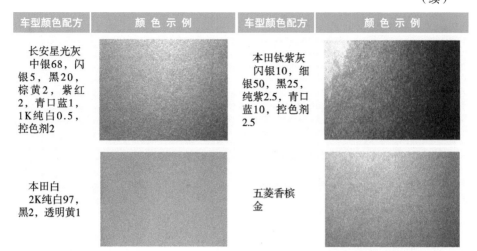

车型颜色配方	颜色示例	车型颜色配方	颜色示例
长安星光灰 中银68，闪银5，黑20，棕黄2，紫红2，青口蓝1，1K纯白0.5，控色剂2		本田钛紫灰 闪银10，细银50，黑25，纯紫2.5，青口蓝10，控色剂2.5	
本田白 2K纯白97，黑2，透明黄1		五菱香槟金	

（九）掌握色母特性三要点

1）熟悉色母色相，正侧面表现，银粉色母与珍珠色母注意颗粒粗细。

2）了解色母的色光偏向。每种色母的色光均可向两个方向发展。

红色系列的色相可以表现为偏黄或偏蓝（紫），如大红与紫红等。

黄色系列的色相可以表现为偏绿或偏红的颜色，如青口黄与橙黄。

蓝色系列的色相可以表现为偏绿（黄）或偏紫（红）的颜色，如青蓝和红相蓝。

绿色系列的色相可以表现为偏黄或偏蓝的颜色，如黄绿和蓝绿。

紫色系列的色相可以表现为偏蓝或偏红，如紫蓝和紫红。

金色、橙色、棕色的色相可以表现为偏黄或偏红。

白色、灰色、黑色是可以向任意颜色转变的颜色。

在调色时，要注意色光的配合，如用蓝色和黄色调一个绿色，应选用绿相蓝与艳黄或柠檬黄。因为绿相蓝带绿光，艳黄或柠檬黄带黄光。如果选用中黄色母会使配出的颜色发暗，因为中黄带红光，相当于加了极微量的红色，产生三原色的相互作用（红与绿为补色）。

3）了解各色母的遮盖力。根据遮盖力的不同，所有的色母可以分成三大类。

①遮盖力好的色母：银粉、白色、黑色、中黄、柠檬黄、橙红、橙黄、红珍珠、古铜珍珠。

②遮盖力较差的色母：珍珠系列、艳黄、鲜红、紫红、玫瑰红。

③ 透明色母：透明红、发红蓝、标准蓝、霜雪蓝、绿色、紫色、透明黄、粟红、深红。此类颜色遮盖力差，但着色力很强，只要添加少量的黑色、白色，遮盖力就会非常好。

三　手工调色的步骤与方法

在无计算机配方时，只能采用手工调配汽车修补漆。

（一）手工调色的步骤

1 样板表面处理

进行清洁、抛光（呈现原来的面貌）。

2 配方分析

确定好油漆属性，选用 1K 色母还是 2K 色母后，分析主色、副色；分析三属性（明暗、色调、清浊）。通俗讲则是先看颜色深浅，看色光偏向，再看颜色鲜艳还是灰浊。银粉珍珠漆要对正面、侧面进行比较分析，还要考虑颗粒的粗细和数量。

3 确定色母

根据分析，选择与样板颜色相同或相近的色母，或根据拼色规律选出主色母和副色母，确定色相范围，做到心中有数。

4 调配

先取少量油漆来配比并有效搅拌，当对色母的颜色效果掌握未纯熟时，建议先用调漆尺蘸上一些油漆，然后在调漆尺上加入一点色母微调，看其效果，若不行则改用其他色母，这样可避免调漆中加入不合适的色母。当调出来的颜色与样板相似后，再根据需要的量按比例调配，当颜色调到非常接近时，就应结束调色程序。

（二）手工调色的方法

1 调色思路

明度调整（深浅度）→色相调整（颜色转向）→彩度调整（灰度）。

2 具体方法

（1）明度（深浅度）的调整

1）当色漆比车色深时，应加入浅色、白色或银粉来冲淡稀释。

2）当色漆比车色浅时，要会判断：车色显得又深又浓，还是又深又浊。如果是又深又浓，则加入主色母；如果是又深又浊，可适当加入黑色母。

3）注意：有时颜色的浑浊往往看成颜色深浅，这是灰度的因素。正确区分深浓或深浊，可以帮助我们做出正确的选择。

（2）色相调整　根据拼色规律，加入或减少色母，一次只针对一个变量做调整，最重要的是色母色光走向正确。

1）调黄色不够红时，可加一点橙黄、橙红或大红。

2）调蓝色不够绿时，可加一点艳黄或柠檬黄。

3）调红色不够紫时，可加一点紫蓝、紫红、玫瑰红或深红（在红色中加黑与白也会变紫，但同时会变深或变浅）。

（3）彩度调整（灰度）

1）当色漆比车色显鲜艳时，加入少量黑色或白色母使颜色变浊（注：加入黑色母会使颜色变深，加入白色母会使颜色变浅变浑浊）。

2）当色漆比车色显浑浊时，可加浅色或银粉将原色冲淡，再加入主色母，或者放弃然后重新开始。颜色由浑浊变清澈基本上是不可能的。

四　2K素色漆调色技巧

2K 素色漆在车漆颜色中占有一定比例，如丰田白、五十铃白、东风蓝、解放蓝、五十铃蓝、千里马红、大车钼红、消防红、工程黄、警车蓝和邮政绿等。

（一）2K 素色漆知识

1 色相

色相一般围绕其邻色发生变化，此时可选择主色相应邻色进行调整，同时主色彩度会上升。例如，红色邻色为橙红和紫红，当色相偏紫时，可加入紫红进行调整，同时红色彩度提高。

2 明度

明度可以通过加入黑、白色母来进行调整，黑色降低明度同时变深，白色则增加明度同时变浅。

3 彩度

彩度可通过改变灰色来调整，如同时加入黑色与白色色母或减少主色色母均可降低彩度。加大主色母的量可增加彩度。

（二）2K 素色漆调配技巧

1 白色

白色系列一般以白色母为主色，偏黄的用黑加黄加白，有的需加少量的铁红，如五十铃白等。偏蓝的用蓝加紫红加白（白度最高如丰田白等），偏绿的用艳黄加蓝或加少量绿（如金杯白），同时都可用黑、白色母调深浅。

2 红色

红色系列根据样板色相选择大红（透明红）或鲜红（富贵红）为主色母，也可两种色母同时用，偏黄时加橙黄、橙红或直接加中黄色母；偏紫时加紫红或深红或根据深浅加黑、白色母。

3 橙色

橙色系列根据色相选择橙黄、橙红为主色母，也可两种色母同时使用，偏黄时用橙黄加中黄；偏红时用橙红加大红等红色母，同时加入黑、白色母调深浅。

4 黄色

黄色系列根据色相选择中黄或柠檬黄为主色母，偏青偏浅的颜色用柠檬黄为主色母，色相偏绿时加绿或蓝色母，偏黄时可加入中黄或少量红色母，同时加黑、白色母调深浅；偏红偏深的颜色用中黄为主色，加入橙黄、橙红或铁红等红色母，同时加入黑、白色母调深浅。

5 蓝色

蓝色系列根据样板色相深浅选择纯蓝加白加黑；偏红的蓝色加紫红

或玫红色母，偏青蓝的蓝色可加入少量柠黄、艳黄等黄色母，同时加白、黑色母调深浅。

6 绿色

绿色系列根据样板色相选择纯绿或黄相绿为主色母，偏蓝时加蓝色母，偏黄时加艳黄、柠黄等黄色母，同时加黑、白色母调深浅。

7 灰色

灰色系列根据深浅以黑、白色母为主色，有冷灰（偏蓝、绿、紫的灰色）与暖灰（偏黄、红的灰色）之别。色相向哪个方向发展，相应地该色相色母就占大比例。

用红、黄、蓝 3 种色母（按一定比例）也可调配出各种灰色与黑色。也可用红、黄、蓝、白、黑五种色母一起调配灰色系列。

（三）2K 素色漆调色注意事项

1）素色漆配方应选用 4 种以下色母为原则，特别情况除外。

根据色板，接近哪个色就用哪个色母做主色；白色、蓝色、深蓝色、绿色、黄色、红色和紫色等素色漆在调配过程中本着先调深浅再调色相的原则进行。分析颜色就是要看出来主色与色光偏相，从而找出主色母与辅色母。主色为整体感觉颜色，辅色为色光所呈现的颜色。一般选用色相色光接近样板的色母作为主色母。银粉漆选用银粉为主色母。深色用深色色母为主色母（如深红）。鲜艳的颜色用鲜艳的色母为主色母（如富贵红）。

2）调素色漆时用调漆尺在搅拌时迅速拉起，即可与原色板进行颜色对比，调到与样板色接近时用白纸片刮涂比色，主要是正面吻合，比较容易调准。

3）对色时一般比样板稍浅一些，因为素色漆漆膜干后颜色会深些。

4）一定要先调深浅再调色相，例如，黄色在白漆里加多了，但是深浅没有达到一致，会觉得颜色太黄，根据拼色原则一般会加紫蓝色来消色。但是因为深浅度没有一致，还得加黑色，加入黑色后黄度会消减一些。所以如果先加蓝色来消黄，在深浅差不多的情况下，还是得加黑色。

| 五 | **2K素色漆调色实例** |

（一）调素色红（图 4-1 ～图 4-5）

调素色红用大红做主色，不够黄时加橙红或黄，不够紫时加紫红、深红或玫红，不够亮时加鲜红。红色加白与加黑都会变紫一些，同时也会变浅与变深。红色系只能偏向紫与黄两个色相，如上海大众 LP3G 波罗法兰红、D-2 奥拓红、消防红等。钼红用橙红做主色母，用橙黄与黑、白色母微调。

图4-1　第一步：确定颜色样板分析颜色配方

第一步，确定颜色样板，分析颜色配方。图 4-1 所示的颜色红中带黄光，较深，选用以大红为主色，鲜红为副色（鲜红带黄光，鲜艳，彩度高），用少量黑色母做微调。在调素色红的过程中色相偏紫与偏浅可加入少量白色母，不够黄还可以加入少量中黄或橙色母，不够深可加入少量黑色母微调。

第二步，将大红色母倒入调漆杯，搅拌均匀与原色板比色。图 4-2 所示颜色比样板色要红，要鲜艳，彩度要高。

a）加入主色母与原色板比色

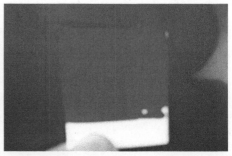

b）也可用小纸片均匀刮涂与原色板比色

图4-2　第二步：与原色板比色

第三步，调整深浅。如图 4-3 所示，加入少量黑色母调深，同时彩度降低。注意：如果黑色母加多了会朝紫色的方向发展，并变得浑浊。

第四步，调整色相。如图 4-4 所示，加入黑色母与少量鲜红色母。因为加了黑色母，会朝紫色方向发展，显得不够黄，所以加少量鲜红。为什么不够黄

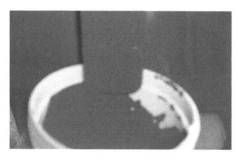

图4-3　第三步：调整深浅

图4-4　第四步：调整色相

呢？是因为黑色与大红中的黄光混合后产生绿（绿光的波长与蓝光接近，而红色中红光与蓝光混合产生紫色）。同时，因为加入黑色母，明度产生变化，整体颜色走深。

第五步，比色。如图 4-5 所示，经过色相调整用搅拌后的调漆尺快速拉起与样板比色接近后，再用小纸片刮涂比色。因为是湿膜，所以样板颜色也要用水打湿，这样比较准确。

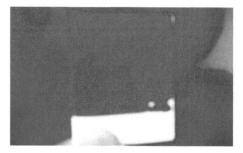

图4-5　第五步：比色

（二）调素色蓝（图 4-6 ～图 4-11）

调素色蓝用纯蓝做主色，深时用白冲淡，不够深时可适当加黑色母与主色母，彩度不够时用主色加深；不够红时加紫红，不够绿时可加艳黄，因为蓝色只能偏向紫与绿两个色相。注意一次只加一个变量，细心调配。

第一步，选定调色样板。分析此蓝色为带紫红色光的蓝色，在选用色母时主色选用发红蓝、纯蓝、群青等，副色色光为紫红或玫瑰红，如图 4-6 所示。

第二步，加入主色母。选用纯蓝或发红蓝，加入调漆杯，用调漆尺比色观察发红蓝与色板的深浅程度，图 4-7 中表现为深、浓、红。

第三步，加入白色调深浅。因为主色比色板深浓，所以加入白色冲淡，在添加时可先少量添加，边加边看，避免过量，如果过量可加入主色

图4-6　第一步：选定调色样板

母。调深浅加入白色，如图4-8所示。

图4-7　第二步：加入主色母　　　　图4-8　第三步：加入白色调深浅

　　如果用调漆尺看不准可用小纸片刮涂比色观察，如图4-9所示。图中颜色表现比色板稍深，可考虑再添加白色母。

　　第四步，调整色相。如图4-10所示，在第三步把基本深浅调出来后，根据色相表现，不够紫红时加入少量紫红色母或玫瑰红色母，不够绿时加入少量艳黄色母（带绿的黄色）。

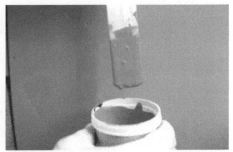

图4-9　用小纸片刮涂　　　　图4-10　第四步：调整色相

　　第五步，比色。如图4-11所示，在用调漆尺比色觉得看不出大的差异时，可用光滑的小纸片刮涂比色，比较接近时就要果断结束调色。注意用小纸片刮涂比色时可稍微浅一些，素色漆干后会变得深一些。

　　（三）调素色黄（图4-12～图4-17）

图4-11　第五步：比色

　　调素色黄时根据色相分析选用中黄或柠檬黄做主色，不够红时加带红的黄色或橙黄或红色，不够绿时加艳黄或柠檬黄或加蓝加绿。浅时可加主色母。如不够绿又浅时可加黑（黑加黄会变绿，向军绿方向发展），深了加白调浅。黄色系的色光只能偏向红与绿两个色相。

第一步，选定调色样板，如图4-12所示，分析此颜色红黄中带青，偏绿光，可分两个思路来设想：一是用中黄加艳黄（带青）；二是用中黄加柠檬黄调。

第二步，确定主色母。选用中黄色母为主色，图4-13所示颜色比样板色深，偏红，彩度比样板色高。

图4-12　第一步：选定调色样板分析颜色　　　图4-13　第二步：确定主色母

第三步，调深浅。加入少量白色，图4-14中颜色与样板色深浅接近，但比样板色偏红黄，彩度偏高。

第四步，调整色相。因为彩度偏高，可加入少量黑色母（黑加黄会变青、绿些），同时降低彩度，而绿光又能消掉红光。如果不够青，可加入少量青口黄（艳黄），如图4-15所示。

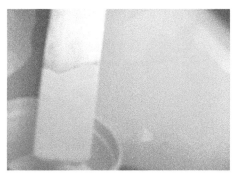

图4-14　第三步：调深浅　　　　　　图4-15　第四步：调整色相

第五步，比色。比色时因为是湿膜，所以样板也要用水打湿。用调漆尺比色接近时，再用光滑的小纸片刮涂比色。图4-16中颜色比样板色偏浅，偏绿，彩度偏高。

第六步，微调。因第五步图 4-16 中颜色比样板色偏浅，偏绿，彩度偏高，可再加入少量黑色母与主色母中黄。调整到看不出明显色差时结束调色，如图 4-17 所示。

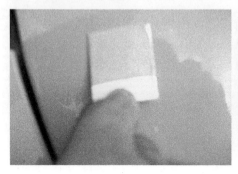

图4-16　第五步：比色　　　　　　　　图4-17　第六步：微调

（四）调素色灰（图 4-18 ～图 4-23）

调灰色时，以黑色与白色为主色。再看其色光偏向，加相应的色母。有红灰、蓝灰、绿灰、深灰、中灰、浅灰之别（需要注意的是，用红、黄、蓝也可调配出从灰色系到纯黑色）。下面举例说明。

此颜色为灰色，以白、黑为主色，根据色相加入少量红、黄、蓝为副色（图 4-18）。

根据分析选用主色母为白色母，加入调漆杯并搅拌均匀，用调漆尺比色看颜色深浅（图 4-19）。

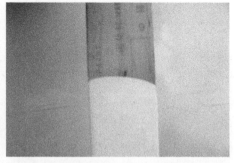

图4-18　第一步：确定调色比色样板　　　图4-19　第二步：选用主色母为白色母
　　　　　　　分析色相

根据色相表现加入少量黑色母，先少量一步一步添加至深浅一致。图 4-20 中颜色表现稍深，明度不够；可再加入少量白色母。

根据拼色规律可知，红、黄、蓝三色相加等于黑色，所以调灰色时可以用红、黄、蓝来微调色相。图4-21所示为在图4-20的基础上加入少量白色与蓝色母，颜色表现偏浅。

图4-22所示的颜色表现是在色相调整图4-21的基础上加入少量黑色母与土黄色母（土黄色母带红黄色相）。颜色表现为略浅，明度偏高，不够深、暗与红黄，可以再添加少量红黄色母。至此，基本色相吻合，再用小纸片刮涂比色。

图4-23a所示的颜色表现比色板略浅，可再加入少量黑色母与红、黄色母，如图4-23b所示。

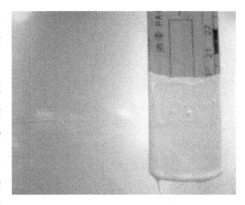

图4-20 第三步：调深浅

图4-21 第四步：色相调整（1）
加入蓝色母

图4-22 第五步：色相调整（2）

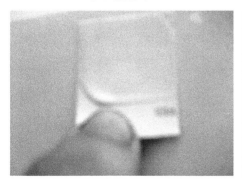

a）比色

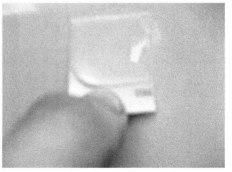

b）加入少量黑色母与红、黄色母

图4-23 第六步：比色

六　金属漆之银粉漆调色技巧

（一）金属漆调色五要点

1）调金属漆时，加银粉会使漆色浅，加色母会深，并改变色相。

2）调金属漆时，若使用透明性色母微调，则能使侧面变深、变暗，而使正面变亮、变鲜艳；若使用不透明性色母，则能使侧面变浅、变白，同时使正面的鲜艳度变低。

3）调金属漆要考虑到色母的遮盖力。

4）对色时，将试板与修补部位在同一平面上，需同时以90°正角和45°侧角来对色，区别正面、侧面的色调差异，而且颜色要比样板深一些，因为银粉漆漆膜干后颜色会浅一些。

5）清漆会稍微改变漆层的颜色，从正面看时其明度会降低变深。

（二）银粉漆调色五步骤

1 选定银粉

分析银粉的目视粗细、数量，是普通银还是闪银。粗细与排列有关，可以通过加入银粉控色剂来调整排列，从而影响目视粗细。粗细与白度也有关系，白度越高，目视越粗。闪银比普通银粉正面亮白、堆聚，侧面更暗。银粉色母选择以两种搭配为好。

2 色相分析

从正面、侧面观察色相表现，正面是深还是浅；侧面比正面是深还是浅；色相是偏红、偏蓝、偏绿、偏黄、偏紫等；根据色母走向分析图选定主色，确定1K素色色母（注：选定1K素色母以不超过4种为好）。

3 调色

先加入银粉到调漆杯，再根据色相加入1K素色色母。每次比估计的少加些并有效搅拌。用调漆尺在搅拌时迅速拉起，即可与原色板进行颜色对比。再根据调色方法与技巧进行细心调配修正。

4 喷板比色

由于银粉漆正侧面显色差异大，为了获得准确的颜色，当色漆调配进行到用调漆尺比色接近时，应模拟汽车油漆涂装的环境进行试喷板比色。

5 颜色修正

根据试板的颜色偏向表现，用调色方法与技巧进行修正。直至试喷板的正侧面与车身正侧面表现一致、用肉眼看不出明显差异时，果断结束调色工作。

（三）银粉漆调色技巧

1 调色方法与原则

浅银、灰银、兰银、绿银、金黄银和红银等银粉漆在调配过程中根据色母走向本着先调深浅，再调色相；以调整正面色相为主，兼顾侧面色相；兼顾银粉色母颗粒的大小，数量接近的原则来调整。

2 明度调整的方法

加入黑色可使其变深，加入银粉、珍珠变浅。避免使用高浓度的白色母。加白色母使正面变浑浊，侧面变浅变白。调整正侧面时，有以下几个技巧：

1）正侧面两个角度都太暗时（或深时）需加入银粉冲淡，再减少色母用量。

2）正侧面两个角度都太亮时（浅时）需等比例加入其他色母，减少银粉量。

3）正面太亮、侧面太暗时可以用幼银粉（正面深侧面浅）取代粗（正面亮侧面暗）的银粉，或加入银粉控制剂，可使正面变深，侧面变浅变亮，银粉会变得较粗；加入白色时，正面较浊，侧面较亮，银粉会变得较细（白色遮盖力强，压抑银粉反光）。

4）正面较暗、侧面太亮时可以用粗的银粉取代较细的银粉，或减少银粉控色剂，使正面变清，侧面变暗，银粉会变得较细一点；减少白色使正面较清，侧面较暗，银粉会变得较粗一点。

3 注意事项

喷涂操作对银粉颜色明度有很大的影响：

1）稀释剂干得慢时颜色较暗，干得快时颜色则较亮。

2）气压不足时颜色较暗，气压太强时颜色则较亮。

3）喷涂距离太近时颜色较暗，喷涂距离太远时颜色则较亮。

4）喷涂太湿时颜色较暗，喷涂太干时颜色则较亮。

4 色相调整方法

1）白银。因为白色银粉漆主要色母是银粉，只要正确区分是普通银还是闪银，是粗银还是细银即可。色相调整主要是调整正侧面色光偏向。

若银粉漆正侧面：

偏黄，则根据色母走向分析图选用棕黄、透明黄、柠黄等。

偏红，则根据色母走向分析图选用棕红、栗红、酱红、紫红、深红等。

偏绿，则根据色母走向分析图选用通绿或黄相绿，或根据拼色规律选择相应蓝色母与黄色母来调配。

偏蓝，则根据色母走向分析图选用通蓝或发红蓝、群青、绿相蓝、蓝绿等。

2）蓝银、绿银、金黄银、红银、灰银等色相调整方法。此类银粉漆中银粉数量只占一部分，且正侧面变化大。在调配时，根据正侧面表现可适量加入珍珠色母来调配色相与鲜艳度。

① 金黄银。把握好银粉数量，根据色母走向分析图选用棕黄、透明黄、棕红、酱红、栗红，或加入黄珍珠、金珍珠等。

② 香槟银。把握好银粉数量，根据色母走向分析图选用棕黄、透明黄、棕红、栗红、酱红等。

③ 红银。把握好银粉数量，根据色母走向分析图选用棕红、栗红、酱红、紫红、玫瑰红、深红等，或加入红珍珠。

④ 绿银。把握好银粉数量，根据色母走向分析图选用通绿或黄相绿，或根据拼色规律选择相应蓝色母与黄色母来调配，也可以加入少量绿珍珠、蓝珍珠或黄珍珠。

⑤ 蓝银。把握好银粉数量，根据色母走向分析图选用通蓝或发红蓝、蓝绿、群青，或加入蓝珍珠、紫珍珠等。

⑥ 灰银系列。根据色相表现，以黑色母与银粉为主，相应加入红、黄、蓝系列色母，如栗红、透明黄、纯蓝、蓝绿、纯紫、紫红等。如果调钛子灰等颜色，还需要添加红珍珠、绿珍珠等。

5 彩度调整方法

可通过加入黑色母和银粉、主色与补色色母等方法调整，可以加入少量珍珠色母以增加其鲜艳度。

1）颜色太清澈要变浊一些时，可加黑色母或用较幼的银粉取代较粗的银粉。

2）颜色太浊要变清澈一些时，可减少黑色母或用较粗的银粉取代较幼的银粉。

3）使用透明性色母，则能使正面变亮、变鲜艳，侧面变深、变暗。

4）使用不透明性色母，则能使正面的鲜艳度降低，侧面变浅、变白。

（四）银粉漆侧光调浅的方法

在大多数情况下，我们所说的"银粉不够白"是因为银粉色母的侧面颜色相对车身较暗，从而感觉颜色整体发黑，不够白。将银粉漆的颜色"整体调白"，实际上就是将银粉漆的侧面调浅。

1 加幼白珍珠或白珍珠

由于白珍珠的透明特性，光线在照射到上面时，会有大量的光线从侧面透射出来。在银粉漆里面根据实际情况加入 5% ～ 30% 的透明白珍珠，会使银粉漆的侧面透光量增大，从而使颜色看起来变白、变浅，银粉的颗粒变得细腻、顺滑。

在银粉漆中加入白珍珠时，可能需要加入少量的正侧面控色剂来提高银粉的闪烁度。

在银粉漆中加入白珍珠，会稍微改变银粉侧面的色相。相对而言，幼白珍珠会使侧面颜色向黄相偏移，白珍珠或粗白珍珠会使侧面颜色向蓝相偏移。如果想降低侧面的蓝相，可以加入极少量的透明黄；如果想降低侧面的黄相，可以加入极少量的群青。

2 加正侧面控色剂

在银粉漆中加入 0 ～ 10% 的正侧面控色剂，会打乱银粉本来的均匀排列状态，使更多的光线射向漆膜的侧面，使银粉漆整体看起来变白。就像调整镜子的角度，会使镜子的反光发生改变一样。控色剂加入越多，银粉的侧面就越浅，而且还会使银粉的颗粒翻转，看起来颗粒更粗，更具闪烁度与漂浮感。

3 加 1K 白色

在银粉漆里面加入白色，会明显提高银粉侧面的白度，但是最大的副作用就是会使银粉颜色整体浑浊、暗沉，压抑银粉的闪烁度。

此法一般不作为主要方法使用，但是有时候配合其他色母使用时却非常有效。

在银粉里面加入白漆要非常小心，一般不能超过 1%（个别颜色除外）。

4 超幼白

超幼白实际上是一种颜料颗粒细度处于纳米级别的白色（在其他油漆品牌中也称霜雪蓝、霜白或变色龙等）。少量的超幼白加入银粉中，可以提高银粉的侧面白度，而且会使侧面带蓝相。加入超幼白不宜过量，否则会使银粉的正面出现金黄色相。

5 选择合适的银粉型号

不同型号的银粉，其正侧面光感不同。一般来说，在相同颗粒度的情况下，闪银要比普通银粉的正面更亮，但是侧面会更暗。同种类型的银粉，颗粒越粗，正面越亮，但侧面会更暗。

6 选择合适的搭配色母

对于与银粉搭配调色的 1K 素色色母而言，由于色母本身的深浅及侧光显色性的不同，所反映出来银粉漆的侧面深浅也就不同。

七　金属漆之银粉漆调色实例

调白银（图 4-24 ～图 4-27）

第一步，确定好调色样板。首先分析银粉颗粒粗细，是普通银（片状）还是闪银（粒状较白），粗细一般用相邻两种银粉搭配，如中银与中粗银、中粗银与粗银、细银与中银、细银与幼银；其次看银粉是比较散开还是堆聚，散开表示加有控银剂，堆聚表示没有加；再看正侧面表现，图 4-24 所示的银粉漆，正面略带红黄，侧面暗，略带蓝，因此选用棕黄、棕红色母为调整正面色相色母，银粉漆侧面本身偏暗，略带蓝。

第二步，调深浅（明度）。图 4-25 所示颜色选用细银与中银搭配，根据分析比例加入调漆杯，搅拌均匀。提起调漆尺与车身颜色比色，看正面与侧面的深浅表现。图中所示调漆尺颜色与车身颜色相比较，正面偏白，侧面较暗。

图4-24　银粉漆　　　　　　　　　　图4-25　看深浅

第三步，调整色相与彩度。加入少量棕黄、棕红色母与少量白色母调整色相与彩度，先少量加入，搅拌均匀后比色。图 4-26 所示色漆正侧面表现已与车身颜色接近。

第四步，喷板比色。在用调漆尺比色后接近时，要喷涂小试板比色，因为金属漆颜色与喷涂操作有很大关系，所以模拟喷涂条件做试板比色，颜色才比较准确。如图 4-27 所示，当正侧面颜色与车身颜色用肉眼看不出明显差异时，果断结束调色。

图4-26　色漆正侧面与车身颜色接近　　　图4-27　喷板比色无明显差异

八 金属漆之珍珠漆调色技巧

（一）珍珠漆调色步骤和方法

1 确定色相，选用主色母

首先要准确判断其正、侧面色相（有时讲底色、面色较容易理解）的不同。例如，柳微"龙贝蓝珍珠"，正面蓝，侧面红紫。

当对色母的颜色效果掌握未纯熟时，建议先用调漆尺蘸上一些油漆，然后在调漆尺上加入一些准备加入的微调色母，看其效果，若不行就改用其他的色母，这样可避免在调漆中加入不合适的色母。

2 确定珍珠种类、粗细程度和数量

仔细分析主色相内含有珍珠种数与各种珍珠的数量，一般以不超过 4 种为宜，如北京现代伊兰特黑珍珠，主色黑色，内含紫珍珠、蓝珍珠、细红珍珠与细白珍珠。

3 颜色调配

根据分析，先加入主色母再加入各种珍珠并有效搅拌，根据显色规律调配，注意正面与侧面颜色的色相表现。

4 喷板比色

与调银粉漆相同，比色时，色板与车身处于同一平面。

1）检查明度，从正面与侧面观察试板颜色，看颜色是否太深或太浅。

2）检查色相，看试板颜色正侧面是否比原色板颜色正侧面更红、更蓝、更黄。

3）检查彩度，看试板颜色是否比原色板颜色更高或更低。

4）检查珍珠数量、粗细程度与种类是否与原车颜色一致。

5 颜色修正

根据金属漆调色方法与技巧进行微调，逐步实现与原色板基本吻合的效果。

（二）珍珠漆调色三要点

1）选对色母非常重要，对色母的正侧面表现与透明度一定要熟记。因

为珍珠漆一般选用透明色母。

2）调整珍珠漆与幻彩珍珠漆的正侧面主要依靠素色色母来表现。珍珠色母主要是种类、数量和粗细程度，正侧面表现占其次（浅色或纯珍珠漆除外）。

3）调色原则：根据色母走向分析图，本着先调深浅，再调色相；以调整正面色相为主，兼顾侧面色相；兼顾珍珠颗粒的大小、数量接近的原则来调整。

（三）珍珠漆调色技巧

1 明度调整方法

珍珠漆的光泽比较柔和，可通过加入主色母、珍珠色母与黑色母来调整明度。

1）加入主色母与黑色母变深，减少主色母与黑色母变浅。

2）加入珍珠色母变鲜艳，同时向珍珠色母色相方向表现。

3）建议不加入高浓度的白色母，这会使珍珠漆整体变浊、不鲜艳。如果想调浅，可以加一些白珍珠、金属漆树脂或主色母来冲淡。

2 色相调整方法（珍珠漆一般含有一种或一种珍珠以上，4种珍珠以下）

（1）蓝珍珠系列　根据样板色相选择绿相蓝、蓝绿、通蓝和发红蓝等1K素色色母，以及根据珍珠种类、粗细和数量选择如蓝珍珠等珍珠色母，不够深时可加入1K黑色母调深，正面不够蓝绿可适当加入透明黄或黄珍珠、绿珍珠。侧面红可选择发红蓝、紫红、栗红、纯紫等素色色母或加入紫珍珠来调整。

需要注意的是，使侧面稍红些，喷出来效果会更好。

（2）红珍珠系列　正面红色侧面带紫；正侧面都鲜红色。

根据样板色相选择大红、栗红、鲜红做主色，根据珍珠种类、数量和粗细程度加入红珍珠等珍珠系列，正侧面色相不够红黄时可选择栗红、酱红、棕红、透明黄来调整；不够紫时可选择深红、玫瑰红、紫红来调整。不够深时加入黑色母调深（加入黑色母会变深、变紫、变浑浊）；红珍珠一般与古铜珍珠、紫珍珠、金珍珠和黄珍珠等搭配（如果红珍珠加入过多也会朝紫方向发展）。

需要注意的是，若使颜色正面深、侧面浅的颜色鲜艳，则选择透明色母，如透明红等。若使颜色正面浅、侧面深，则选择侧面走向深的色母，如紫红，也可以加入少量蓝色。一般方法为多加红珍珠与黑色母，这样颜色会正

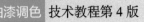

面浅，侧面深。在加入蓝、紫红等色母后，侧面会向黑与浑浊方向发展。

（3）绿珍珠系列　常见为墨绿珍珠，以黑色母、绿色母做主色，加入绿珍珠等珍珠系列，绿珍珠一般与蓝珍珠、黄珍珠等搭配（根据需要可加入少量的银粉）。

根据样板色相加入少量通绿或黄相绿，也可以用蓝色母（红口蓝或蓝绿色母）与黄色母（透明黄）搭配调整色相。加入透明黄会使正面与侧面都变黄。

正侧面偏蓝绿时可加蓝绿色母与蓝珍珠；偏黄绿时可加黄色母与黄珍珠或透明黄；侧面偏红时可加少量紫、栗红、紫红或深红；正面不够红时可加入紫珍珠。

需要注意的是，调配绿珍珠时发现正面比车身浅、不够绿，侧面颜色一致，则是银粉加黑色母造成的，可直接加入绿色母来进行调整。如果侧面过绿，可加入紫红等红色母，同时正面变深。当正面比车身绿、鲜艳，侧面颜色浅，可加入黑色母调节深浅，颜色将不再鲜艳，侧面红可加纯紫、栗红、紫红等色母调整。

（4）黑珍珠系列　以黑色母为主色母，根据珍珠种类、数量和粗细程度加入珍珠系列，黑珍珠一般与蓝珍珠、红珍珠、紫珍珠、绿珍珠、白珍珠和古铜珍珠等搭配。根据色相偏向可以适当加入素色色母。偏蓝时，选用蓝相黑，也可加入蓝色母；蓝珍珠偏深时，可加入白珍珠与少量透明白；如果不够红相，可选用红相黑，或加入深红、栗红等红色母，或黄相珍珠。

需要注意的是，调黑珍珠时，珍珠颗粒一定不要过大，因为喷涂后会更大。侧面一定要注意红相或蓝相及深浅要一致。

（5）白珍珠系列　白珍珠是珍珠漆中一个特殊的系列，因为要使白珍珠飘浮在汽车表面，发出迷人的光芒，在喷涂操作中一般要进行三道工序，即先喷涂 1K 白色做底色，再喷涂白珍珠，最后喷涂双组分清漆。所以在调配白珍珠时，一般只调底色，即调 1K 白色。

白色以纯白为主色，分为蓝白与黄白。蓝白一般为群青加紫红色母或铁红色母，黄白一般为少量黑色加黄色母或铁红色母。

白珍珠一定要用特白珍珠，调白底时稍微白些，喷涂时白珍珠和稀释剂的比例一般为 3∶1，别喷得太厚，否则会变黄。如雅阁白珍珠，底色：纯白、透明蓝、黑色；珍珠层：白珍珠 50、蓝珍珠 20；喷涂时先雾喷后重喷。

白珍珠一般不用调，直接喷涂。

3 彩度调整方法

可通过加入黑色色母和珍珠、主色色母与补色色母等方法调整。

1）颜色太鲜艳要变浊一些时，可加黑色色母或补色色母；也可减少主色母与珍珠色母，或加少量银粉。

2）颜色太浊要变鲜艳一些时，可减少黑色色母或加入主色色母与珍珠色母。

九 金属漆之珍珠漆调色实例

（一）调红珍珠（图4-28～图4-37）

第一步，确定调色样板（图4-28），观察样板正侧面颜色。图4-29所示颜色正面红，侧面带紫。样板选用色母为红珍珠、细红珍珠（红珍珠正面红、侧面红，且遮盖力强）、大红（透明红）、深红、微量黑。因为珍珠比较细，在图片中显示不出来，在实践操作中，珍珠的粗细一眼就可以分辨出来。

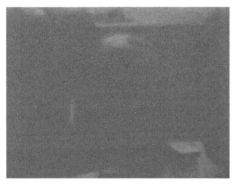

图4-28 确定调色样板

图4-29 侧面偏紫

根据粗细的比例加入细红珍珠和红珍珠，搅拌均匀用调漆尺比色，首先看红珍珠的颜色与调色样板色的差距，也就是找一个基础色。图4-30所示调漆尺颜色比调色样板颜色偏浅，不够深，不够紫。

第二步，调整深浅（图4-31）。选择加入大红（透明红）色母调深，与样板颜色比较显示明度偏高（较亮），彩度偏高（较鲜艳），且侧面不够紫。

第三步，调整色相（图4-32）。加入少量深红（正面、侧面蓝紫，起加深与向紫方向发展的作用）与微量黑（起加深与降低彩度作用，色相也会向

图4-30　颜色偏浅

图4-31　调整深浅

紫方向发展），要少加多看。

第四步，喷板比色（图 4-33）。与样板颜色比色显示，正面深、颜色黑，不够紫。侧面颜色也偏深，偏黑（图 4-34）。

第五步，微调（图 4-35）。比色后根据颜色情况微调，加入少量红珍珠，把颜色冲淡，同时因为侧光不够紫，再加入少量深红或紫红色母。

图4-32　调整色相

图4-33　喷板比色

图4-34　侧面颜色偏深，偏黑

图4-35　微调

第六步，当颜色接近时，喷上罩光清漆比色，直至正面侧面颜色与样板颜色接近，果断结束调色。正面颜色比较如图 4-36 所示，侧面颜色比较如图 4-37 所示。

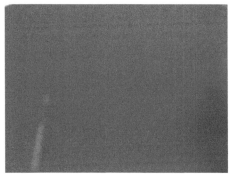

图4-36　正面颜色比较　　　　　　　　图4-37　侧面颜色比较

（二）调墨绿珍珠（图 4-38 ～图 4-43）

第一步，确定调色样板（图 4-38），分析颜色构成。图 4-38 所示颜色为墨绿色，正面绿，侧面深、黑，带蓝紫光。分析选用通绿、蓝珍珠、绿珍珠、黄珍珠、黑色母、紫色母、通蓝（或红口蓝）与少量银粉。

第二步，加入绿色母与绿珍珠、蓝珍珠，搅拌均匀与原色样板比较，显示偏浅、偏绿（图 4-39）。

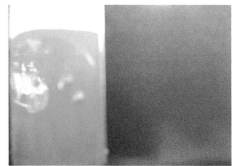

图4-38　确定调色样板　　　　　　　　图4-39　偏浅、偏绿

第三步，调整深浅（图 4-40）。加入绿色母、黑色母与通蓝色母，先向深的方向调。图中颜色显示与样板色相比偏深、偏黑，可考虑加主色母冲淡或用少量银粉或白珍珠来冲淡；加银粉会使颜色冲淡同时使彩度降低，加白珍珠使颜色冲淡，同时保持或增加彩度、鲜艳度。

第四步，调整色相（图 4-41）。加入少量绿珍珠与黄珍珠，正面不够黄时一般加少量黄珍珠，如果加透明黄只能微量添加，过多会使正侧面都变黄，将侧面的红光消掉；如果侧面不够深与蓝紫，可加入红口蓝、纯紫色母或紫红色母；正面不够红可加入紫珍珠或紫红、紫色母、栗红色母。

图4-40　调整深浅

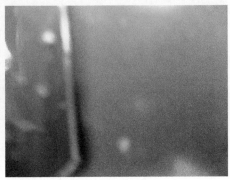

图4-41　调整色相

第五步，喷板比色（图 4-42）。在试板上喷涂清漆，与样板色比较。观察颜色的正侧面。图 4-42 所示颜色与样板色相比偏蓝绿，不够黑、黄，彩度偏高。

第六步，微调（图 4-43）。可加少量透明黄与黑色母。黄加蓝变绿，把蓝光消掉，同时向黄的方向与深的方向发展，如果还不够深，可加入少量黑色母。

图4-42　喷板比色

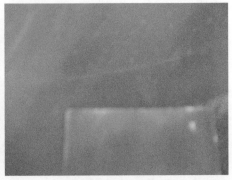

图4-43　微调

（三）调蓝珍珠（图 4-44 ～图 4-53）

第一步，分析颜色构成（图 4-44）。样板色正面深蓝，带绿光。

分析选用色母，蓝绿、红口蓝、蓝珍珠、紫珍珠、纯紫、紫红、黑色母与少量银粉。其中，蓝绿色母、红口蓝、蓝珍珠、紫珍珠可调正侧面明度、色相，纯紫、紫红可调侧面色相，黑色母可调深浅与色相（图4-45），少量银粉或白珍珠可调彩度。在分析时要做到心中有数。

图4-44　分析颜色构成

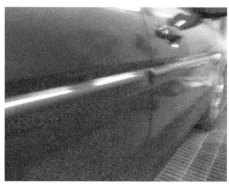
图4-45　调侧面色相

第二步，根据第一步分析，加入蓝绿、红口蓝（少量，过多会使侧面过红）、蓝珍珠搅拌均匀，与原色板比较，就是先看一个基础色。图4-46所示明度偏浅，彩度偏高。

第三步，调整深浅（图4-47）。边加边看，加入蓝绿、黑色母，图4-47所示颜色与样板比较，正侧面都不够红紫。

图4-46　明度偏浅，彩度偏高

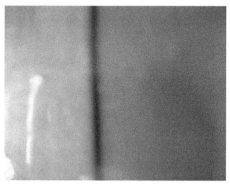
图4-47　调整深浅

第四步，调整色相。如图4-48和图4-49所示，加入紫珍珠（正面紫）、紫红色母（正面紫侧面紫红）来调整正侧面红紫色相；侧面的红紫不够深时可加入少量透明纯紫色母。

第五步，喷板比色。正面偏深、偏红，不够蓝绿、彩度偏高，如图4-50

图4-48 正面

图4-49 侧面

所示；侧面偏深、偏红，较鲜艳，如图 4-51 所示。

第六步，微调（图 4-52 和图 4-53）。因第五步图 4-51 所示颜色与样板色比较偏深、偏红，不够蓝绿，彩度偏高，可考虑先加入少量银粉或白珍珠（一是起冲淡作用，二是降低彩度），再加入少量黑色母与蓝绿色母；喷涂清漆与原色板比色，与样板色接近后，果断结束调色。

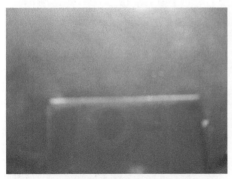

图4-50 正面偏深、偏红、不够蓝绿，
彩度偏高

图4-51 喷板比色（侧面偏红、彩度偏高）

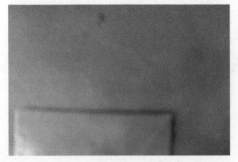

图4-52 微调（正面）

图4-53 微调（侧面，因喷得稍厚，
拍照时间过长，有流挂现象出现）

高彩度颜色的调配技巧

❶ 2K 素色漆中高彩度颜色的调配

如图 4-54 所示，除了可以选用高彩度的色母调配外，还可以利用色漆漆膜透明的特点，选用适宜的底色漆可使面漆的色彩更加鲜艳，如黄色底漆可使红色更鲜艳，灰色底漆使红色更红，带红光蓝色底漆可使黑色更黑亮，带绿光蓝色底漆使白色更白，其他浅色如粉红色、米色、象牙色、天蓝色，可采用白色做底漆等。

另外在素色漆中掺入少量调和清漆能增加素色漆的丰满度、亮度、流平性、附着力，但是遮盖力会降低。

❷ 高彩度金属漆的调配

如图 4-55 所示，高彩度的金属漆一般是全珍珠漆，不能加银粉，加入银粉就会变混浊，可以选用高彩度的水晶系列珍珠色母和高彩度的 1K 色母来组合调配。

图4-54　高彩度颜色调配　　　　图4-55　高彩度金属漆

❸ 高彩度白银的调漆方法和技巧

调白银主要是选对银粉，首先要观察银粉是片状的普通银还是粒状的闪银，只有颗粒选对了，调出的颜色正侧面才会相同。越粗的银粉，侧面就越黑、正面越闪、金属感就越强。越细的银粉，看上去就越灰，整体金属感就没有粗的银粉那么强烈。银粉搭配时最好是选择颗粒大小相邻的银粉进行粗细搭配，这样搭配的闪烁效果最好。

高彩度的白银主要是看正、侧面够不够白，正面不够白一般是银粉的彩度不够高或选错银粉。可改用闪银或加入少量白珍珠，可以使正面变白。

要使侧面变白可以加白色或控色剂。一般情况是侧面不够闪、不够白的时候加控色剂，控色剂的作用是使侧面变闪、变浅，正面会变暗、变黑。

侧面银粉细黑的时候加白色。不论加白色还是控色剂，加入量过多都会使正面变暗。白色过多还会使银粉闪烁效果减弱。控色剂过量还会导致喷涂时容易发花。

调整色相跟调 2K 白漆一个道理，如调白银，正侧面都白，银粉色相与车色相比太黄，那么就得加蓝、加紫进行消色。

正侧面皆白，银粉颗粒细腻、闪烁性很好，如图 4-56 所示。

配色方案：细银，选择闪烁度非常好的细银；细白珍珠，增加颜色的颗粒细腻度及调整侧光变浅变白；透明铁黄，少量；霜雪蓝，少量。

红黄色相白银，如图 4-57 所示。铝粉细腻、正面亮、侧面不够红，整体略为偏红相。调色的时候如果色母没有选择正确是很难调正确的。

配色方案：细闪银（铝粉颗粒较细、亮度好）；细白珍珠（少量，调整细闪银的侧面亮度）；透明铁红（棕红）；透明铁黄（棕黄）加入金属漆中可以使正面偏红，侧面带黄相。

图4-56 正侧面皆白

图4-57 红黄色相白银

 十一 汽车亚光漆改色、局部修补、喷涂施工方法

随着汽车改色的兴起，汽车亚光漆等非主流颜色成为个性化颜色的首选，主要品种有喷涂亚光漆、亚光漆贴膜、镜面电镀漆贴膜、珠光变色龙贴膜等。贴膜改色没有直接喷涂亚光漆的使用寿命长，但是维修方便。

喷涂亚光漆有专用的纯色亚光漆和金属亚光漆，如 2K 银漆、2K 珍珠漆等，是用添加有亚光材料的多种树脂和高浓色母配制而成的，都属于双组分亚光漆，即 2K 亚光漆。还有一种方法是往清漆或色母里添加亚光剂，形成亚光效果。亚光漆喷涂如图 4-58 ～图 4-63 所示。

图4-58　2K喷涂亚光漆，玫瑰紫

图4-59　2K喷涂亚光漆，纯黑

图4-60　珠光膜

图4-61　亚光贴膜效果

图4-62　正面红

图4-63　侧面紫

1 亚光漆的改色

改色时一定要选用与车漆相同、相配套的亚光油漆，因为亚光漆不能与其他溶剂系统的色母混用，调色一般只能微调，方法与一般的 2K 漆调色一样。

2 前处理

和其他汽车喷涂流程一样，打磨好底漆，底漆无缺陷、瑕疵、砂眼。底漆一般为汽车灰底漆，也可以喷涂双组分底漆，颜色没有限制。

3 喷漆

只需按照油漆、固化剂、稀释剂的要求比例调配进行直接喷涂，一般为亚光漆：亚光固化剂：亚光稀释剂 =2：1：0.1；无需再在喷好的亚光漆面喷涂清漆。喷涂过程中也和其他 2K 漆一样喷涂两三层，表面平顺即可，无需刻意喷出亮度，然后自然干燥 45min 表干，24h 后实干。

4 局部补漆

如果遇到漆面局部有缺陷，可以用原子灰填补缺陷再打磨平整进行二次修复。补漆的接口位置，可以加大稀释剂的用量，让亚光漆的黏稠度降低再进行雾喷，漆面自然会细起来与原来的漆面相匹配，可以避免造成漆面粗糙，补漆的接口位置较为明显。

5 注意事项

1）亚光漆在施工过程中应该使用配套的固化剂和稀释剂，配套是指根据不同季节选用挥发速度相对应的稀释剂。稀释剂挥发速度太慢容易造成漆膜发花、起砂，挥发速度太快容易造成发白，流平不充分，附着力差等质量问题。

2）温度对汽车亚光漆黏度的影响较大，随着温度升高黏度降低，温度降低则黏度升高。

在低温季节容易出现丰满度差、手感差、砂痕遮盖能力较差等问题。要注意亚光漆调配时稀释剂和固化剂保持温度相同。

 变色龙漆和镜面电镀漆改色、局部修补、喷涂施工方法

变色龙漆与亚光漆一样也是有喷涂用的变色龙漆和变色龙改色贴膜，如

图 4-64 ～图 4-68 所示。

图4-64　喷涂变色龙漆

图4-65　变色龙贴膜（一）

图4-66　变色龙贴膜（二）

图4-67　镜面电镀玫瑰金色贴膜

图4-68　镜面电镀紫贴膜

改色和局部修补喷涂方法如下。

1）前处理和其他汽车喷涂流程一样，打磨好底漆，底漆无缺陷、瑕疵、砂眼，表面光滑，底漆越是光滑，饱满效果越强。

2）喷涂最常使用的是灰底漆，如果需要也可以喷涂双组分底漆，打磨平整到下一工序。

3）喷涂变色龙漆专用的自选底色。红色底色：一般为红色彩虹效果或红色镭射效果变色龙漆。蓝色底色：一般为蓝色彩虹效果或蓝色镭射效果变色龙漆。

还有黑色、灰色底变色龙漆。底色漆调配比例一般为底色漆：环保稀释剂=1：1。

4）喷涂汽车变色龙漆，按照比例调配变色龙漆，喷涂时均匀最关键，不见黑底即可，颜色变化自然。调配比例一般为变色龙漆：环保稀释剂=1：1～1：2。一般喷涂两三层，表面均匀平顺为好，喷涂层间闪干5～10min，浅色底漆可加喷一层。

5）喷涂高品质双组分透明汽车清漆。清漆：固化剂：环保稀释剂=2：1：0.1。

注意事项如下。

1）选择底色要注意：各涂层之间涂料品种的配套，即底漆、腻子、中间层、面漆之间要配套，层间附着力及底漆与面漆应有很好的结合力。

2）底漆、面漆所用溶剂的强弱反差不能太大，面漆不能咬起底漆，造成底、面漆之间结合不牢。

十三 调漆样板的制作方法

1）当金属漆颜色调配到油漆颜色与原色板吻合度达到90%左右时，模拟喷涂条件对小色板与原色进行比较。

2）试板制作方法

① 用一块小铁板（刮灰钢片）进行试喷，并达到完全遮盖。喷涂气压、色母与稀释剂配比与正常喷涂时相同，如图4-69所示。

图4-69　试喷板

② 喷板时，要先雾喷两次，相隔 5min 或吹干后，再湿喷 1 次，每次不可喷太厚。有时通过调整气压与喷涂方法就可获得非常接近于原色板的颜色，如图 4-70 所示。

③ 原色板如果是双工序工艺，需要罩喷清漆的，最好在小色板上喷涂清漆。喷涂方法与正常喷涂相同。比色时，以喷涂清漆的实际效果为准，如图 4-71 所示。

图4-70 雾喷

图4-71 喷涂清漆

十四 素色漆调色常见颜色配方表

表 4-9 的主要作用是参考和领悟颜色中所含的颜料配方由几种颜色组成及其大致比例。

表4-9 素色漆调色常见颜色配方表

颜色	基本配方		
象牙白	白 84.89%	中黄 11.98%	柠檬黄 3.12%	
乳白	白 98.81%	中黄 0.586%	深黄 0.378%	棕红 0.226%
磁白	白 97%	群青 2.5%	紫红 0.5%	
淡紫	白 99.712%	大红 0.204%	标准蓝 0.084%	
粉红	白 99.570%	大红 0.250%	紫红 0.180%	
中灰	白 87.523%	柠檬黄 5.959%	棕红 1.170%	调色黑 5.348%
中绿灰	白 92.306%	中黄 5.887%	标准蓝 0.316%	调色黑 1.671%
蓝灰	白 78.321%	标准蓝 15.431%	中黄 3.799%	调色黑 2.449%
深灰	白 80.178%	调色黑 12.666%	棕黄 6.375%	标准蓝 0.781%
淡灰	白 94.123%	棕黄 3.165%	调色黑 2.639%	标准蓝 0.074%
鲜蓝	白 79.151%	柠檬黄 11.810%	绿相蓝 9.039%	

（续）

颜色	基本配方			
天蓝	白 87.949%	群青 9.535%	标准蓝 1.270%	柠檬黄 1.246%
中蓝	标准蓝 60.65%	绿相蓝 19.02%	白 20.33%	
草绿	中黄 87.71%	调色黑 8.69%	绿相蓝 2.25%	白 1.35%
鲜绿	柠檬黄 55.82%	白 40.41%	绿相蓝 3.77%	
湖绿	白 82.92%	柠檬黄 16.30%	绿相蓝 0.39%	调色黑 0.39%
艳绿	柠檬黄 96.24%	绿相蓝 3.32%	艳黄 0.44%	
苹果绿	白 79.95%	柠檬黄 19.65%	标准蓝 0.20%	调色黑 0.19%
中绿	纯绿 57.55%	中黄 37.59%	白 6.50%	调色黑 0.44%
深绿	纯绿 76.90%	中黄 16.15%	白 6.50%	调色黑 0.44%
橄榄绿	棕黄 53.49%	纯绿 33.74%	调色黑 9.97%	白 2.81%
褐绿	中黄 68.99%	白 17.40%	调色黑 13.21%	大红 0.40%
军绿	中黄 57.864%	棕红 24.070%	白 13.028%	绿相蓝 5.038%
棕色	棕红 74.87%	棕黄 17.14%	调色黑 5.83%	白 2.16%
深棕色	中黄 52.850%	棕红 44.536%	调色黑 1.520%	白 1.093%
棕黄	中黄 94.969%	白 2.555%	大红 2.202%	调色黑 0.274%
褐黄	深黄 71.218%	棕红 18.397%	白 7.010%	调色黑 3.374%
米黄	白 95.200%	柠檬黄 2.311%	深黄 2.002%	棕红 0.487%

注：数据参考色卡配方。

结语

手工调色是一个细心调配的过程，要少加多看，细心区分颜色的差别，积累经验，找到自己认为理想的方法才能快速调配出合格的颜色。

调色工作没有绝对，可以用不同的色母组合调配出相同的颜色；你认为这样组合调配好，别人认为那样组合调配好。银粉漆与珍珠漆没有绝对，有的银粉漆内加有珍珠色母，能使银粉漆变鲜艳；有的珍珠漆加有银粉色母，能使珍珠漆变浅、变浑浊些。这些不同的方法给调色教程的编写带来了一定的难度。"师傅领进门，修行在个人"，随着调色经验积累到一定程度，在调色过程中，明度、色相、彩度一眼就可以看出。概括起来，就是先调深浅再调色相、色差。深了调浅，浅了调深，色相缺什么就加什么，颜色过头了就用消色方法调整过来。鲜艳了则加黑、加白、加银粉或补色，浑浊了则加树脂或主色母稀释或重调。

总体来说，掌握好色母特性、显色规律，边实践边总结经验，一定可以掌握好调色这门技术。

第五章 电脑调色知识

一 电脑调漆的基本原理

在电脑调漆的工作中，电脑实际上就是一个大型的色漆配方资料库，储存了各种色漆的标准配方。轿车车身面漆在一定部位都有漆的标号，如果修理厂有同样标号的色漆，都可以直接选用。若没有，则可将此标号输入电脑，从显示屏上就可以显示出此种标号色漆的组成，以及各种单色漆的配方组分和重量。按其组分和重量进行调配，就可以得出所需标号的色漆了。

二 电脑调色中心设备和资料

1 调漆机

调漆机又称油漆搅拌机，规格有 33 头、39 头、42 头、56 头、59 头、66 头、69 头、70 头、75 头和 108 头等，调漆机配有电动机和搅拌头。因为涂料中的树脂、溶剂和颜料的密度各不相同，经过一段时间会产生分离，所以在使用之前需要充分搅拌均匀。调漆架如图 5-1 ～图 5-3 所示。

图5-1　调漆架左面视图与控制开关　　图5-2　调漆架侧面整体效果图

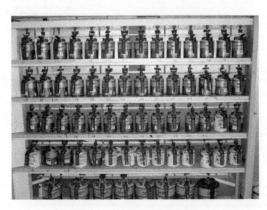

图5-3 调漆架正面视图

2 色卡

色卡是各油漆生产厂家提供的国内外汽车颜色参考资料，如图 5-4 所示。

图5-4 色卡

3 光盘

光盘中有各油漆生产厂家提供的汇集色卡的参考配方，在电脑中输入配方号，就能快速简易地找到所需配方并计算出每一种色母的使用量。

4 电子秤

电子秤如图 5-5 所示。电子秤的精确度不小于 0.1g，其操作程序如下：

1）电子秤必须水平放置，绝对避免不平、高温、振动。

图5-5 电子秤

2）打开电子秤总电源开关，按下电源，暖机 5min。

3）按下归零键，将被秤物轻轻放置于秤板中心。

4）使用完毕后，先关闭电子秤电源，后关闭电子秤总电源。

5 颜色分析仪

颜色分析仪是一种可以进行电脑分色的电子仪器，它具有修正软件，可以手提，并可以结合智能磅使用的特点。分析仪操作简单，用途广泛，对技术要求不高，尤其是在车型和颜色资料不全、颜色色号未标在维修手册上时更能突出其优势。

三 电脑调色举例与操作步骤

1 查找车身颜色代码

现代高级轿车的面漆都有漆号标志，有的可以从维修手册上找到面漆的使用材料品种与规格。色号就在漆码旁边，即"COLOR"（颜色）的旁边。

2 电脑查询配方的步骤与方法

各家公司的调色系统会有一定的差别，但是基本操作都相同，即找到色号—输入色号—查询配方—计量—称量—调配，如图 5-6～图 5-9 所示。

1）进入调色系统，单击"成品色配方计量查询"（图 5-6）。

图5-6　进入调色系统

2）输入色号，没色号则输入色名，有的颜色要输入年份（图5-7）。

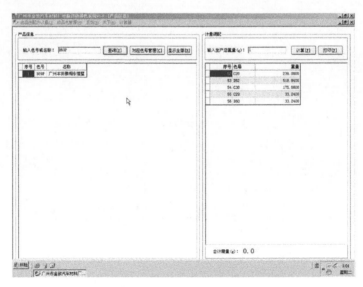

图5-7　输入色号或色名

举例：输入色号 B69P，单击"查询"，则显示 B69P 本田雅阁永恒蓝。

3）单击"对应色母管理"，显示出配方（图5-8）。

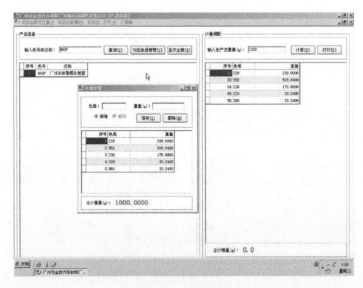

图5-8　显示配方

4）如果只需要 0.2L，在右边的计量调配输入生产总重量 200，单击"计算"，则相应色母质量即显示在屏幕上（图5-9）。

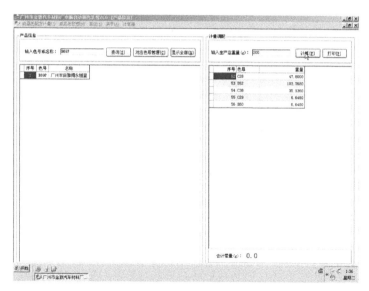

图5-9 计量调配

5）称量。根据以上配方，选择相对应的色母，用电子秤按比例称出其所需质量，放入调配容器，用调漆尺搅拌均匀即可。

6）微调。由于车身油漆的老化与变色，有时需要进行手工微调。先用调漆尺比色，如果相差明显，就要喷一个试板比色，再进行微调。

每个人对需要调整的颜色都有不同的认识，因为每个人看同一个颜色都有差别。因此，建议从自己觉得差异最大的颜色属性开始进行微调。调色技巧详见第四章。注意以下几个问题：

① 每次微调只能添加少量的色母，不超过原配方用量的 1% ～ 5%。
② 每次微调只能使用一种色母。
③ 记录每次添加色母的用量，形成自己掌握运用的配方。

四 电脑调漆注意事项

具体来说，遵循以下方法就能避免色母材料与环境方面造成的色差，满足色母与调色方面的质量要求，从而达到较好的调色效果。

1）每天上午或下午开始调漆时必须搅拌 15min 方可配漆。

2）更换任何色母必须先用调漆尺彻底搅拌均匀，方可再放置在搅拌机搅拌。

3）任何手工微调应尽可能选用配方上或已加入的色母，色母加入越多，颜色越浑浊。

4）尽可能在白天光线充足之处调色，应在不同角度下比色，但应避免阳光直射。

5）要有颜料与调和树脂的正确比例观念，不能随便添加或减少；树脂多了会使遮盖力变差。

结语

采用电脑调漆，可使得轿车色漆的调配工作变得简便而准确，但要求调色中心备足一定量的各种规格品种的单色漆。如果数量与品种不足，就很难按电脑的要求准确地配制出所需的色漆。另外采购的各种色漆必须严格保证质量，各批次色母的色相、浓度、遮盖力等要保持一致。如果单色漆质量不佳，所调制的复色漆肯定会出现问题。在操作中，一定要按照操作标准进行操作。

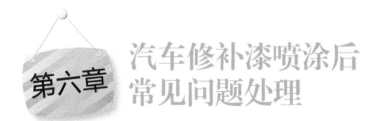

第六章 汽车修补漆喷涂后常见问题处理

 一 **喷涂后轻微色差的处理方法**

1）汽车漆修补后要与原漆膜颜色百分之百相同几乎是不可能的，只能将其对色至某一程度，令眼睛察觉不出它的差异。通过使用正确的喷涂方法，有经验的喷涂技师可以掩饰这种色差。

2）在喷涂操作中导致金属漆颜色较浅或较深的具体原因见表6-1。

表6-1　导致金属漆颜色较浅或较深的具体原因

影响因素　　　深浅程度	较　浅	较　深
气温	高	低
稀释剂的挥发速度	快	慢
涂装黏度	低	高
涂装压力	高	低
涂装方法	干喷	湿喷

降低色差具体操作方法如下所述。

1 通过飞驳口技术

将待修补的区域用色漆覆盖，而周边的区域用非常薄的色漆涂层淡化处理，这个过程称为飞驳口。它使得新旧面漆之间有所过渡，而不会形成较大色差对比，使较小的色差不被发现。

2 飞驳口的步骤

按正常的驳口修补工艺步骤1）～4）（详见第二章），在第4步喷涂色漆时，在修补区域周边用非常薄的色漆扩大喷涂面的范围。

③ 抛光工艺

如果飞驳口喷涂后还有轻微色差，则只能等干后采用抛光工艺，扩大修补区域与周边区域的抛光范围，以增加表面的一致性。如果色差很严重，则只能重新喷涂。

二　喷涂后常见问题处理

（一）流挂（图 6-1）

油漆在垂直表面施工，漆液向下流淌的现象称为流挂。流挂是油漆喷涂中最常见的施工缺陷之一，多数流挂出现在钣金突出部位、折角外以及那些无意识补枪的部位。

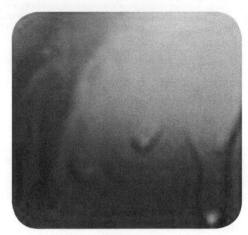

图6-1　流挂

① 出现这种情况的原因

1）不正确地使用了稀释剂或稀释剂质量太差。一般是使用了干燥速度慢的稀释剂或使用了过量的稀释剂，导致油漆黏度过低。

2）喷涂的漆膜太厚，压缩空气的压力太低，油漆打不开；喷枪的扇面太窄，喷枪移动的速度太慢；喷枪距离基底表面的距离太近，均会增加流挂现象出现的可能性。

3）一次性喷涂的漆层太厚，导致漆层干燥速度过慢，或漆层喷涂间隔时间过近，均应为前一次喷涂的漆层留出足够的干燥时间。

② 预防方法

1）采用正确的喷涂方法，将喷枪调节适当。

2）只使用推荐型号的稀释剂，按照推荐的比例稀释油漆。

③ 修正方法

对大一些的流挂，可以采用刮刀处理多余的油漆，将表面磨平。对小一些的流挂，可以进行局部细磨，然后抛光，抛光蜡由粗到细逐步进行。此外，要保持局部的整体一致性。

需要注意的是，如果在打磨中不小心磨破了清漆或情况严重，则只能将漆膜表面磨平后重新喷漆。银粉漆出现流挂后会出现分层的现象，必须重新喷漆。

（二）咬底、起皱（图6-2）

1 出现这种情况的原因

1）刚喷涂的漆层过快地进行强制干燥，或喷漆车间温度过高，表面的漆干燥较快并收缩，均会延缓内层漆的干燥速度。

2）喷涂遍数过多，漆膜过厚；各道漆层间的流平时间不足。

3）使用了错误的稀释剂。在汽车油漆中，使用高挥发性油漆稀释剂，当油漆处于干燥状态时，漆膜表面已经快干了，里面的溶剂不能够正常挥发出来，这就封闭了内

图6-2 咬底、起皱

部油漆层挥发物的挥发，最终导致面漆层脱离使油漆隆起，在高温季节应使用慢干稀释剂。

2 预防方法

1）每次喷涂的漆层要薄而均匀。

2）层间流平时间要充足，干燥温度要适当、均匀。

3）使用推荐型号的稀释剂。

3 补救方法

首先使漆膜充分固化。对于轻微缺陷，将其打磨平、抛光即可。若缺陷较为严重，需将漆膜打磨至基底，然后重新喷漆。

（三）灰尘、颗粒与麻点（图 6-3）

漆膜上有肉眼可见分布散乱的不规则小颗粒突起，用手摸上去感觉漆膜表面粗糙不平，许多杂质微粒出现在漆膜表面或被漆膜覆盖。

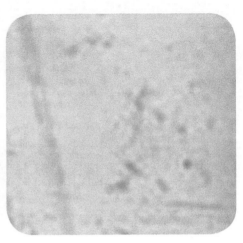

图6-3　灰尘、颗粒与麻点

1 出现这种情况的原因

1）来自衣物上的灰尘、污物或纤维，或者从装饰件边缘、钣金连接处吹落的杂质，在喷漆时落到湿漆膜上。

2）喷漆前，未将基底表面上的灰尘彻底清除。

3）喷漆时或喷漆后不久，空气中飘浮的微粒落在并陷入漆膜中。

4）装油漆或稀释剂的容器敞口或生锈导致灰尘混入油漆中又未过滤。

2 预防方法

1）喷漆前要保证衣物清洁无尘，并将装饰件边缘或钣金连接处的灰尘吹净。

2）喷涂各层油漆之前，都要用清洁剂和粘尘布清理表面。

3）保持喷漆室干净无尘。喷漆室内禁止打磨操作。必要时，可以将喷漆室四周及地面弄湿，保证空气过滤系统正常工作。

4）保持所有材料清洁，材料容器要密封，使用之前要过滤。

3 补救方法

先使漆膜完全固化。对于轻微的脏粒，可用砂纸打磨平，然后抛光。如果杂质颗粒陷得较深或者漆膜为合成树脂漆，则需要将漆膜磨平，然后重新喷漆。

（四）发白、起雾与模糊（图 6-4）

漆膜干后，表面呈现乳白色的薄雾或产生无光斑点的现象。

① 出现这种情况的原因

1）施工过程与施工环境湿度太大，或空气压缩机中有水分；如果环境湿度过大，则可加入少量（不超过 15%）化白水喷涂。喷涂施工前放尽压缩机中的水分。

2）使用稀释剂不当，挥发过快使漆膜表面温度急剧下降，致使水汽凝聚在漆膜上。

3）利用压缩空气吹拂漆膜，试图加速溶剂挥发。

4）喷漆室有穿堂风，或者较热，空气流动不充分。

图6-4 发白、起雾与模糊

② 预防方法

1）在可能的情况下，避免在阴雨、寒冷或潮湿的天气喷漆并使漆膜自然干燥，否则应使用不起雾稀释剂。

2）使用质量好的稀释剂或者适当等级的稀释剂。

3）降低压缩空气的压力，以减小冷却效应。

4）保证喷漆室内适当通风、加热，避免穿堂风。

③ 修正方法

1）漆膜起雾轻微时，待漆膜完全固化后可用抛光的方法修复，使漆膜面恢复光泽。

2）漆膜起雾比较严重时，可将漆膜表面磨平，然后使用适当等级的稀释剂或不起雾稀释剂重新喷涂。当上述方法不能奏效时，可将喷漆室温度升高 5℃以上，避免直接吹穿堂风，将缺陷部位打磨平，然后再重新喷漆。

3）若发白是产生在清漆内（银底漆表面发白），则应彻底打磨重喷。

（五）橘皮（图 6-5）

油漆在漆膜表面凝结不当，漆膜表面流平性差，不平坦，与橘皮相似。

1 出现这种情况的原因

1）喷涂方法不当，喷枪与喷漆表面距离太近或太远；漆膜太薄或太厚。

2）压缩空气的压力不当；喷涂压力太高或太低，太低雾化不够细，太高会被吹皱。

3）油漆混合不均匀，黏度不适当，稀释剂挥发速度太快或质量太差。

4）各道漆层之间的流平时间太长，或以压缩空气吹拂漆膜表面以加速干燥。

图6-5　橘皮

5）环境温度太高或基底表面温度太高，喷漆时有穿堂风。

2 预防方法

1）采用正确的喷涂方法，保证喷枪调节适当。

2）各道喷涂的漆膜要湿而薄、均匀。

3）保证油漆混合均匀，只使用推荐型号的稀释剂。

4）各道漆层之间要有合适的流平时间。

5）在推荐的温度范围内施工，并保证通风适当。

3 修正方法

在油漆充分干燥后，如果面积小、不严重，则将橘皮缺陷轻轻打磨再抛光；如果情况严重则只能返工补喷。

（六）浮色、发花（图 6-6）

面漆表面的颜色不均匀，形成一片片或深或浅的色斑，常常沿喷漆方向形成不同的颜色条纹。

图6-6 浮色、发花

1 出现这种情况的原因

1）施工的温度和所用的稀释剂不合适。由于颜料的颗粒大小或密度不同，稀释剂如果挥发过快，会使其在湿膜中的沉降速度不同，从而导致分层浮色。

2）喷枪每次喷扫间的重叠不适当。喷枪的每次喷扫至少应重叠50%（银粉漆最后层喷涂建议重叠60%以上）。

3）施工时枪距太近、喷幅过窄、走枪不均匀或气压不稳定导致发花。

2 预防方法

1）采用正确的喷涂方法。

2）开始喷涂前，要将喷枪的扇形调整好。

3）要保证油漆按照规定的比例充分混合均匀，只使用推荐型号的稀释剂。

3 修正方法

当已发生浮色、发花，还没有喷涂清漆层时，可再喷涂一层银粉漆盖住浮色、发花的部位；也可等漆膜干燥后，湿磨并重喷。

（七）失光（图6-7）

失光是指面漆在固化成膜后没有光泽，或光泽不足。

1 **出现这种情况的原因**

1）使用劣质稀释剂或过量使用稀释剂，使漆膜太薄，面漆厚度不够。

2）在高湿度环境喷涂或过度使用化白水。

3）涂料质量差，涂料的固含量较低，使漆膜无光泽。

4）底漆表面处理不当，或未等底漆完全硬化就对其进行打磨处理；砂纸太粗，打磨方法不当，使面漆光泽被底漆吸收。

2 **预防方法**

1）正确处理底漆表面。待底漆

图6-7　失光

完全硬化后，再对其表面进行打磨处理。使用适当细度的砂纸，使打磨后的底漆表面足够平整、光滑。

2）按比例使用推荐的稀释剂并充分混合。

3）要充分搅拌油漆，保证喷漆环境符合要求，按照正确的方法进行喷涂，面漆要有足够的厚度。

4）禁止在新喷涂的漆膜表面使用强力洗涤剂或清洁剂。在漆膜未充分固化之前，不得对其进行抛光。抛光时，一定要使用正确规格的抛光剂。

3 **修正方法**

漆膜干燥后，通常用粗蜡研磨表面后再进行抛光，即可恢复正常的光泽。如果失光严重，用以上方法得不到满意的效果，则应将漆膜磨平，然后重新喷漆。

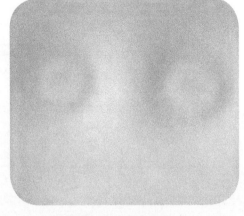

图6-8　缩孔、鱼眼

（八）缩孔、鱼眼（图 6-8）

漆膜固化后表面出现大量从针孔大小到直径 1cm 的弹坑凹陷状，凹陷有深有浅、有大有小，称为鱼眼。在凹痕的中心一般可以发现有小的杂质颗粒存在。

1 出现这种情况的原因

1）喷涂前，漆层表面未彻底清洁，表面有油脂或机油、蜡渍、洗涤剂、尘土或者来自喷枪的油等污物。

2）喷涂时有水或油进入了空气压缩机气管内。

3）旧漆本来就有溶剂泡，也会产生鱼眼。

2 预防方法

1）在喷涂表面上用脱脂剂彻底清除基底表面。清洗面积要大于准备打磨的面积。打磨完毕，一定要将磨屑从基底表面清除干净，再用清洁剂清洗基底表面，才能开始喷漆。

2）要保证喷枪和压缩空气设备受到良好的维护。

3 修正方法

1）当第一遍喷涂出现鱼眼时，向每升调好的油漆中加入 0.3% 的防鱼眼剂，再继续喷涂，即可消除出现的鱼眼。

2）待漆膜完全干燥后，将缺陷区域的漆层彻底用 P800 砂纸打磨，重新喷涂。如果珠孔严重，待漆膜完全干燥后，彻底打磨珠孔部分，之后用填眼灰填平，打磨后重喷底漆和面漆。

（九）龟裂（图6-9）

用肉眼看，漆膜表面失去光泽。用低倍放大镜观察时可以发现大量的细微裂纹。

1 出现这种情况的原因

1）喷漆前油漆混合不均匀，油漆内稀释剂不足，或者使用的稀释剂型号不对。

2）漆膜太厚，或者在未完全固化或过厚的底层漆上喷涂色漆层。

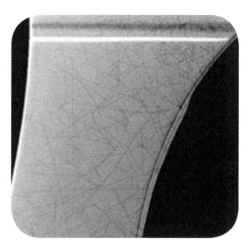

图6-9　龟裂

2 预防方法

1）使用前，要将油漆混合均匀，按规定的比例和型号使用稀释剂。

2）使用正确的喷涂方法。每层漆膜要湿而薄，要保证各道漆膜之间的流平时间。

3）只使用配套的添加剂。

3 补救方法

细心打磨产生裂纹区域的漆膜直至露出完整、平滑的表面，然后重新喷漆。

（十）渗色（图 6-10）

漆膜表面变色，喷涂完面漆后，底漆的颜色渗出到面漆上来，严重时漆膜的颜色完全改变，通常在红色漆或者褐色漆表面喷涂浅色油漆时会发生渗色现象。

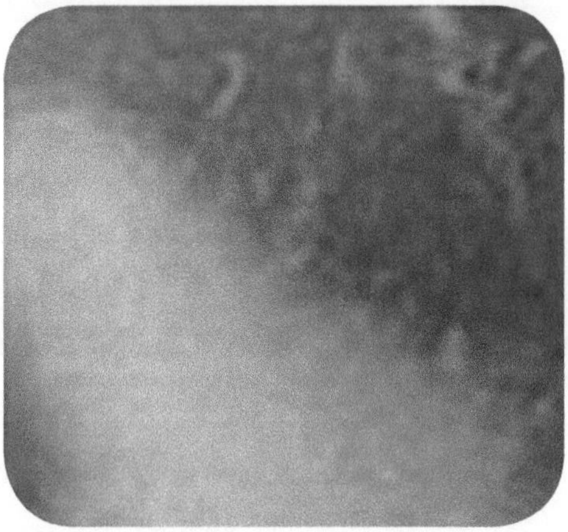

1 出现这种情况的原因

1）使用劣质稀释剂或面漆中溶剂溶解力过强，会使底层油漆中的颜料被面漆层中的溶剂溶解并吸收。

图6-10　渗色

2）底漆未干透就喷面漆也会导致面漆中的溶剂溶解底漆中的颜料，使底漆颜料渗到面漆层中而变色。

3）底层喷有深色漆，而面漆遮盖力差。

2 预防方法

1）在原漆膜上找一小片平整部位喷涂新漆，试验原漆膜是否有渗色现象。

2）使用防渗色封闭底漆。

3）喷漆之前，要清除原漆膜上黏附的起雾。

3 补救方法

打磨至原漆膜，喷涂封闭底漆将原漆膜封闭，然后重新喷涂油漆。

（十一）起泡（图6-11）

在刚刚喷涂的漆膜表面呈现出很多直径在1mm以下的顶部裂开的小气泡。

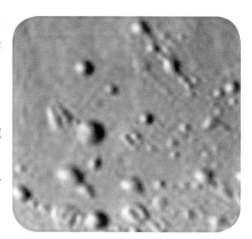

图6-11 起泡

1 出现这种情况的原因

1）使用的稀释剂质量太差，挥发速度太快。

2）漆膜太厚或各道漆间流平时间不足。

3）压缩空气的压力太低。

4）干燥温度太高，加热源离漆膜太近，或者过早加热。

2 预防方法

1）要保证喷涂表面绝对清洁。

2）只使用推荐型号的稀释剂。

3）每道喷涂的漆膜要湿而薄。各道漆层之间要有足够的流平时间。

4）压缩空气的压力要调节到规定值。

5）加热烘烤前，要保证有足够的时间流平，以便使漆膜中的空气或溶剂充分挥发，不要超过规定的烘干温度，加热源不得距漆膜表面太近。

3 补救方法

将漆膜磨平，打磨后孔洞较深时可用填眼红灰填平，重新喷漆。

（十二）针孔（图6-12）

漆膜上出现众多的小孔洞，其直径一般小于1mm。

1 出现这种情况的原因

1）基底表面处理或封闭不当，

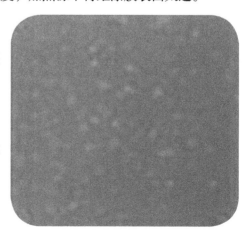

图6-12 针孔

使漆膜被吸入底材的孔内。

2）原子灰混合不均匀或原子灰、填眼红灰质量太差。

2 预防方法

1）在喷漆前，将基底的温度升高至高于喷涂温度以排出基底材料孔洞中的空气。为了防止变形，基底表面的温度不得超过 80℃。

2）用原子灰或填眼红灰填补基底表面的针孔，局部喷上底漆并打磨平滑，然后将基底表面全部喷上底漆。

3）原子灰要调配均匀，可分多次施工，每层要薄而均匀。每层要充分硬化后再涂新的一层或进行最后的打磨处理。

3 补救方法

将漆膜磨至底漆层，填补针孔，局部喷涂底漆，打磨平滑后，重新喷漆。

（十三）干燥慢，漆膜软

漆膜干燥时间太长或不能充分固化。

1 出现这种情况的原因

1）喷涂或干燥时的环境条件不良，如太冷、太湿或空气流动性差。

2）漆膜太厚，各道漆间的流平时间不足。

3）稀释剂用量不足、型号不对或质量太差。

4）固化剂失效。

2 预防方法

1）喷涂的漆膜要湿而薄。各道漆之间要保证足够的流平时间。

2）要使喷漆环境保持合适的温度、通风。避免在湿度过大的条件下进行喷涂。

3）按照推荐的比例加入推荐的稀释剂。

4）使用有效的固化剂。

3 补救方法

将车辆移至温暖、通风的地方，稍稍加热以改善漆膜的干燥速度，但是要注意防止漆膜起皱。

结语

在涂装过程中，一定要按正规的程序来操作，颜色的效果与喷涂施工紧密相关。要对油漆的施工参数进行不断优化并寻求稳定的最佳组合。特别要注意油漆的配比、膜厚的控制、烘干过程及施工环境的相对稳定，才能获得满意的效果。

1 对于调色调漆店的经营建议

1）寻找色母质量相对稳定的汽车油漆厂家或品牌，培养对颜色敏锐的观察能力，对常见颜色的配方与常用色母的色相、用量和特性做到心中有数，努力使自己成为颜色技术高手和漆业专家，建立调色准确的口碑。现在的成品漆发展迅速，某些车型的颜色可以选用成品漆为基准，再加减色母来调配，这可以提高调色速度，降低成本。

2）颜色问题与涂装工艺紧密配合，要与漆工常沟通，及时改善涂装工艺以达到好的颜色效果。

3）要运作好清漆的经营，调漆店主要的利润来源在清漆和辅料，这点最为关键。

4）结合本地实际，及时拓宽业务，如家装公司、广告公司、制造企业（如塑料、五金厂）等大都有颜色服务的需求。

5）也可以将洗车、汽车美容、冷作、涂装结合起来一起做，这样能使利润实现最大化，一般油漆成本在补漆中占30%～40%，而且洗车后更容易发现汽车划痕，从而增加补漆业务。

2 对汽车油漆损害的因素

1）长时间阳光照射。汽车油漆的成分主要是树脂，经过长期的阳光照射容易老化，如发黄、变脆、失光。

2）雨水、雪水。雨水中含有二氧化硫、二氧化碳、盐分及其他物质，会对漆面有侵害，雨后要及时冲洗。雨后车身上的雨渍会逐渐缩小，使雨水酸性物质的浓度逐渐增大，如果不尽快用清水冲洗雨渍，久而久之就会损害面漆。

酸雨（雾、雪）有较强的氧化性，它能与漆分子中所有成分发生化学反应，破坏漆的分子结构，降低车漆装饰效果和防护能力。

3）行驶中空气摩擦对漆面的影响。汽车在高速行驶中，空气中大量的灰尘颗粒、沙粒会在车漆上划出一些细微划痕，细微的划痕一多，就会引起车漆颜色的失光、变暗。

4）洗车时要用专用洗涤剂和中性活水，不应使用碱性大的洗衣粉、肥皂水和洗涤灵，这会加速漆面老化。经常性的抛光研磨和打蜡、封釉时的研磨，都会使漆面越来越薄，最终丧失装饰效果和防护能力。

5）擦洗车辆要用干净、柔软的擦布，防止混入金属屑和沙粒，勿用干布、干毛巾、干海绵擦车，以免留下划痕。很多车主习惯漆面浮尘一多，就用毛巾或毯子擦拭，那样会带动漆面上的沙粒划伤车漆，一般应先冲洗后擦拭。